AF535522

Sigrid-Maria Größing

Sie herrschten über ein Weltreich

*Meinen Enkeln Peter, Eva, Sophie
und Isabel gewidmet*

Sigrid-Maria Größing

Sie herrschten über ein Weltreich

Die spanischen Habsburger

Tyrolia-Verlag · Innsbruck-Wien

Inhaltsverzeichnis

Liebe Leserinnen und Leser!

Vor Ihnen liegt ein Buch über die spanischen Habsburger, deren Geschichte in vielerlei Hinsicht bedeutungsvoll, aber auch verhängnisvoll war. Durch Zufall auf den spanischen Thron gekommen, ererbten sie nicht nur weite Gebiete in Europa, sondern sie bestimmten auch die Geschicke in der Neuen Welt. Eine unheilvolle Heiratspolitik, die von religiösen Motiven beeinflusst war, trug dazu bei, dass dieser Zweig der habsburgischen Familie immer mehr an politischer Macht verlor und langsam aber stetig dem Untergang entgegenging. Was man in der damaligen Zeit nicht wusste oder ignorierte, war die Tatsache, dass Ehen innerhalb der engeren Familien sowohl schwere physische aber auch psychische Schäden verursachten.

Die Ehe von Philipp dem Schönen und Johanna der Wahnsinnigen barg viel Zündstoff in sich. Auf der einen Seite erwarben die Habsburger riesige Gebiete in der Alten und in der Neuen Welt, auf der anderen Seite machten sich geistige Abartigkeiten schon bald bemerkbar, die schließlich zum Niedergang der Dynastie führten.

So wie in allen meinen Büchern versuche ich in leicht lesbarer Form die persönlichen Schicksale dieser Mächtigen aufzuzeigen, die vom Schicksal dazu bestimmt wurden, große Teile der Erde zu regieren, ob sie dazu in der Lage waren oder nicht.

Der Mensch und sein Schicksal, das ist es, was mich an der Geschichte fasziniert, es stellt sich mir immer wieder die Frage, wer verbirgt sich hinter den bekannten Gestalten? Ihr Handeln und ihr Wirken zu ergründen, ist eine schwierige Aufgabe. Aber vielleicht bekommen Sie, liebe Leser, durch dieses Buch mehr Einblick in jenen Teil der habsburgischen Dynastie, der an den großen weltpolitischen Aufgaben auf Grund von Inzucht gescheitert ist.

Dr. Sigrid-Maria Größing — Großgmain im Februar 2022

Durch ihn kamen die Habsburger nach Spanien: Philipp I. der Schöne

Es muss für den siebzehnjährigen Karl ein erschütternder Anblick gewesen sein, als sich ihm die Tore der Burg von Tordesillas öffneten und er die Gemächer seiner Mutter Johanna betrat. Auf dem Boden lag eine zerzauste, schlampig gekleidete Frau, die ihn mit stierem Blick musterte und die sich jäh von ihm abwandte, als er auf sie zugehen wollte. Dieses herabgekommene Wesen konnte unmöglich seine Mutter und zugleich eine Königin sein! Zwar hatte er von Dienern Johannas vernommen, dass sie sich höchst seltsam gebärdete, plötzlich zu schreien anfing, sich in einem Anfall von Tobsucht die Kleider vom Leibe riss und die Aufseher, die sie nicht immer sanft zu beruhigen suchten, wüst beschimpfte.

Mit dieser Frau wollte ihr ältester Sohn, der an ihrer statt die Königskrone von Kastilien trug, wenigstens ein paar vernünftige Worte wechseln. Aber als Johanna erkannte, dass der Sohn wahrscheinlich nur gekommen war, um ihr Vorhaltungen zu machen, zog sie sich in ihr gewohntes Schneckenhaus zurück und lehnte jede Diskussion rundweg ab.

Vielleicht war es diese Haltung, die sie schon lange an den Tag legte, die ihr Ansehen und Akzeptanz ihrer Untertanen, ja sogar die Königskrone gekostet hatte. Denn kaum einer konnte sie auf Grund ihres Verhaltens als normal ansehen. War es in ihrer Jugendzeit ihre Zurückgezogenheit, die ihr viele Freunde gekostet hatte, so zeigte sie später in den Niederlanden demonstrativ ihren Abscheu vor den losen Sitten der lebensfrohen Männer und Frauen. In Spanien, als es um die Königskrone von Kastilien und später um die von Aragon ging, erregte ihre Tatenlosigkeit Aufsehen, so dass ihre Mutter und später ihr Vater ernsthaft daran zweifelten, ob sie in der Lage sein würde, Kastilien und später Aragon zu regieren. Derjenige, der sich die größten Vorteile aus dieser Pattsituation erhoffte, war ihr junger Ehemann Philipp, dem Juana mit Haut und Haar verfallen war.

Wer war diese seltsame Frau, durch deren Teilnahmslosigkeit den Habsburgern die Krone des geeinten Spanien gleichsam in den Schoß fiel? Dabei war es bei der Doppelhochzeit, die von Kaiser Maximilian und den Katholischen Majestäten, den Eltern Juanas, arrangiert worden war, kaum zu vermuten gewesen, dass ausgerechnet diese Tochter von Isabella und Ferdinand als allein überlebendes Kind den riesigen Machtkomplex erben würde. Immerhin war Juan, der einzige Sohn der spanischen Könige, als Nachfolger für beide Reiche ausersehen gewesen. Außerdem hätte auch die Schwester Juanas Ansprüche auf die Kronen der beiden Länder gehabt. Aber Isabel, der Ältesten, Gemahlin des Königs von Portugal, war kein langes Leben beschieden. Nach dem frühen Tod seiner Ehefrau hatte es König Manuel als zweckmäßig angesehen, deren jüngere Schwester Maria zum Altar zu führen. Der Sohn aus dieser Verbindung hätte genau dieselben Rechte auf Spanien geltend machen können wie später sein Cousin Karl, der Sohn des habsburgischen Philipp. Allerdings raffte eine Krankheit den portugiesischen Prinzen bereits im Kleinkindesalter dahin.

Nachdem auch Katharina, die jüngste Tochter von Isabella und Ferdinand, in ihren beiden Ehen mit den englischen Königen Arthur und Heinrich VIII. kein Glück hatte und froh sein musste, den Kopf nicht zu verlieren, blieb Juana als einzige Erbin der reichen Länder, deren Einfluss bis in die Neue Welt reichte, übrig. Gevatter Tod hatte alle dynastischen Pläne, ja das Lebenswerk der Katholischen Majestäten zunichte gemacht.

Für Kaiser Maximilian, den Initiator der Doppelhochzeit, war die Ehe seines einzigen legitimen Sohnes Philipp mit der Spanierin eine hochpolitische Angelegenheit gewesen, denn seit seiner Heirat mit Maria von Burgund versuchten ihm die französischen Könige das Leben schwer zu machen. In ihnen sah der Kaiser die ärgsten Feinde des Reiches, die es zu isolieren galt. Frankreich wurde durch die Ehen mit den spanischen Kindern,

Johanna die Wahnsinnige als junge Frau

mit Juana und Juan, gleichsam in die Zange genommen. Die Taktik schien perfekt!

Was Maximilian nicht ahnen konnte, war die Tatsache, dass Juan, der rechtmäßige Thronfolger in Kastilien und Aragon, der die Tochter des Kaisers, Margarete, geheiratet hatte, von seiner jungen Frau so fasziniert war, dass er, ein zierlicher, sensibler junger Mann, den ehelichen Strapazen, denen er sich in seiner Leidenschaftlichkeit aussetzte, nicht gewachsen war. Nach einem Dreivierteljahr permanenter Überanstrengung fiel er zum Entsetzen aller entseelt vom Pferd.

Wahrscheinlich hätte sich die Geschichte Spaniens ganz anders entwickelt, hätte Juana entscheidende Wesenszüge ihrer politisch höchst aktiven Eltern geerbt. Denn immerhin war es Isabella gelungen, die Mauren

Margarete von Österreich, die Schwester Philipps des Schönen

aus Granada zu vertreiben und Stück für Stück ein einheitliches Land herzustellen. Die Mittel, die sie in ihrer bigotten Art anwandte, waren allerdings äußerst fragwürdig, wenn nicht verwerflich. Isabella und ihr Gemahl Ferdinand von Aragon kann man mit Fug und Recht als hartgesottene Politiker bezeichnen, wobei einer dem anderen manchmal nicht über den Weg traute. Aber beider Ziel war die Einheit Spaniens und die Inbesitznahme möglichst vieler überseeischer Gebiete.

Besonders für Isabella musste es ein schwerer Schlag gewesen sein, als sie erkannte, dass ausgerechnet Juana übriggeblieben war, deren seltsames Wesen und merkwürdiges Verhalten sie schon in den Jugendjahren der Tochter beobachten konnte. Das stille Mädchen war am liebsten allein und scheute selbst die Gesellschaft der tatkräftigen Mutter. Lediglich zum Vater fühlte sie sich hingezogen, wobei Ferdinand wahrscheinlich gar nicht bemerkte, was er für die Tochter bedeutete. Juana ähnelte seiner Mutter, das war das Einzige, was dem Vater bei der Tochter auffiel, und weshalb sie von Isabella meist „Schwiegermutter" gerufen wurde. Ein ausgefallener Kosenamen für ein junges Mädchen.

Über das Aussehen Juanas ist wenig bekannt, denn die vorhandenen Bilder stellen sie, je nach Betrachter, ganz unterschiedlich dar. So wird berichtet, dass sie mit ihren schillernden grünen Augen, dem bronzefarbenen Teint und dem dunklen Haar eine kleine Schönheit war, auf der anderen Seite wird sie als unschönes Mädchen bezeichnet mit einem reizlosen Gesicht, in dem vor allem die wulstigen Lippen und die fleischige Nase auffielen.

Und dieses seltsame Mädchen sollte nach dem Willen der Eltern und des Kaisers Philipp heiraten, den habsburgischen Erben der deutschen und österreichischen Gebiete, den schönsten Prinzen Europas, einen Mann, dem die attraktivsten Frauen zu Füßen lagen und der einst nach seinem Vater die Kaiserkrone tragen würde. Die sechzehnjährige Juana wusste von dem fernen Bräutigam, der ihr nur einen liebenswürdigen Brief zukommen hatte lassen, herzlich wenig. Sie hatte weder eine Ahnung von dem Mann, den selbst seine Zeitgenossen den „Schönen" bezeichneten, noch von dem grundverschiedenen Leben, das sie in den Niederlanden erwartete.

Schon die Brautfahrt, die Juana mit riesigem Gefolge antrat, wurde zu einer Beinahe-Katastrophe. Nur durch wagemutiges Handeln entging die Braut dem Seetod, da sie sich, als die Biskayastürme die Schiffe wie Nussschalen durcheinanderwirbelten, in ihrer Verzweiflung an die Schiffswand hatte anketten lassen. Auf diese Weise konnte sie wenigstens nicht von Bord gespült werden. Von der unvorstellbar reichen Mitgift allerdings war nach dieser Reise in die Niederlande nicht viel übriggeblieben.

Gezeichnet von den Strapazen der Seefahrt, ging Juana als blutjunges, unerfahrenes siebzehnjähriges Mädchen völlig durchnässt an Land. Niemand hatte sie zu diesem Zeitpunkt erwartet, weder ihr Bräutigam war zu ihrem Empfang erschienen noch dessen Schwester Margarete. Philipp hatte im Reich verschiedene Aufgaben wahrzunehmen, die er von seinem Vater Maximilian übernommen hatte. Obwohl es immer wieder Schwierigkeiten und Zwistigkeiten zwischen Vater und Sohn gab, betraute Maximilian Philipp als seinen Nachfolger auf dem Kaiserthron immer mehr mit wichtigen Angelegenheiten.

Maximilian war gezwungen gewesen, alles zu akzeptieren, was seine Kinder betraf, denn nach dem tragischen Tod seiner über alles geliebten Gemahlin Maria erkannte er schmerzlich, dass er weder von den niederländischen Städten noch von den Ständen anerkannt wurde. Er war nicht in der Lage zu verhindern, dass man ihm die Kinder wegnahm und sie gleichsam unter Kuratel der flämischen Städte stellte. Philipp war erst fünf Jahre alt, als man ihm auf Initiative der Städte Gent und Brügge als Graf von Flandern huldigte. Man wollte durch diese Ehrung ein unmissverständliches Zeichen seinem Vater gegenüber setzen, dass man den Sohn von Maria als Herrscher in den Niederlanden akzeptierte, aber beileibe keinen Habsburger!

Eigentlich hätte Maximilian verzweifeln müssen. Er war rundherum im Inneren und Äußeren von Feinden umgeben, wobei nach wie vor sein Hauptgegner der König von Frankreich war, etwas, was der heranwachsende Philipp überhaupt nicht verstehen konnte. Wahrscheinlich als Opposition zu seinem Vater entwickelte der Prinz gegenüber den Franzosen ein geradezu devotes Verhältnis, was ihm Maximilian aufs Äußerste verübelte und niemals verzeihen konnte. Philipp ging, als er 1493 für volljährig erklärt worden war und auf Betreiben der Generalstaaten von Maximilian als Herrscher in den Niederlanden eingesetzt wurde, so weit, dass er sich beinahe als Lehensmann des französischen Königs bezeichnete. So sehr sich Maximilian auch bemühte, seinen Sohn von dem schlechten Charakter des Franzosen zu überzeugen, so sehr stieß er bei Philipp auf taube Ohren.

Der schöne Philipp war im Gegensatz zu seinem Vater in den Niederlanden ungewöhnlich beliebt, denn man sah in ihm, dem Sohn der geliebten Maria, geradezu einen Paradeprinzen, der die Sprache des Volkes sprach, der leutselig auf jeden Einzelnen zuging und der vor allem die Interessen der Niederländer vertrat. War sein Vater ein Leben lang in den Niederlanden ein Fremder gewesen, so flogen dem Sohn die Herzen zu. Nicht nur auf Grund seines makellosen Aussehens. Die Chronisten überschlugen sich fast, die körperlichen Vorzüge des blonden hochgewachsenen Prinzen zu preisen, der auch in Deutschland durch seine äußere Erscheinung Aufse-

Philipp der Schöne in seinen Jugendjahren

hen erregte. In Augsburg, wo sich schon sein Vater von Jugend an großer Beliebtheit erfreut hatte, konnte man es kaum erwarten, dass der schöne Prinz seinen Einzug hielt. Ihm zu Ehren arrangierte die Stadt die ausgelassensten Feste, genau wie in Innsbruck, wohin Philipp des Öfteren gesandt wurde, um seinen Vater zu vertreten.

Dass Philipp mit seinen völlig anders gearteten Vorstellungen von Politik mit dem kaiserlichen Vater in Konflikt geraten musste, schien vorprogrammiert, obwohl er immer wieder als Vermittler eingesetzt wurde. So kam es manchmal zu geradezu grotesken Situationen. Als nämlich Maximilian zusammen mit Ferdinand von Aragon einen neuerlichen Feldzug gegen Ludwig XII. unternahm und von dem Franzosen in die Zange genommen wurde, rührte Philipp keinen Finger, um seinem Vater und auch seinem Schwiegervater mit seiner bestens ausgerüsteten Flotte zu Hilfe zu kommen.

Wenngleich das Verhältnis von Vater und Sohn nicht das beste war, willigte Philipp in die Heiratspläne, die Maximilian entwickelt hatte, widerspruchslos ein. So viele geeignete Bräute waren damals auf dem europäischen Heiratsmarkt nicht vorhanden, immerhin war Juana 16 Jahre jung und die Tochter von zwei bedeutenden Königen, eine bessere Partie hätte der Habsburger nicht finden können.

Je nach Einstellung und Darstellung der Chronisten wurden Philipp und seine Politik verschieden beurteilt. Die einen sahen in ihm einen Mann des Ausgleichs mit Frankreich, die anderen verdammten ihn als unehrlichen Spieler. Und da die politischen Verhältnisse unvorhergesehenerweise in Turbulenzen gerieten, mussten auch für Philipp immer wieder aufs Neue die Spielregeln geändert werden. Durch die Heirat mit der Tochter der Katholischen Könige hatte er zwar einen Schritt nach Spanien unternommen, ohne zu wissen, was dies für ihn und die Habsburger für Folgen haben sollte. Ob Maximilian, der die Pläne zusammen mit Isabella von Kastilien für die Hochzeit ihrer Kinder ausgearbeitet hatte, dem Sohn die Hintergründe aufgezeigt hatte, ist nicht bekannt. Wie, wann und wo Philipp über diese Heiratspläne informiert wurde, bleibt ein Geheimnis.

Zunächst schien es verwunderlich, dass das zurückhaltende Mädchen aus Spanien den Prinzen, der von den raffiniertesten Frauen verwöhnt worden war, vorübergehend faszinieren konnte. Vielleicht war es ihr fremdartiges Wesen, das den übersättigten jungen Mann reizte, wobei Johannas Anziehungskraft allerdings mit jedem Tag abnahm. Es gab keine Gemeinsamkeiten, die die jungen Leute hätten aneinander binden können. Außer den leidenschaftlichen Stunden im Bett fehlten die Berührungspunkte. Die Sprachprobleme spielten sicherlich auch eine Rolle, dass Philipp schon bald in sein früheres Leben zurückkehrte, in dem nach wie vor die ganz anders gearteten lebenslustigen niederländischen Frauen eine Hauptrolle spielten.

Johannas spanische Zurückhaltung, die mit einer Gier nach körperlicher Nähe gepaart war, stieß ihn zunehmend ab, so dass er, so oft er konnte, Mittel und Wege suchte, von seiner Gemahlin möglichst weit entfernt zu sein. Diese Flucht vor dem Ehebett quittierte Johanna mit rasender Eifersucht. Nicht nur einmal kam es deshalb vor der Dienerschaft zu unkontrollierten Ausbrüchen und hässlichen Szenen, wobei die Ehepartner nicht davor zurückschreckten, handgreiflich zu werden.

Nicht nur in den Niederlanden machten die Streitigkeiten der jungen Eheleute die Runde; bis nach Spanien drangen die Gerüchte, denn Informanten lieferten den Eltern detaillierte Berichte über die Ehe ihrer Tochter. Es war kein Wunder, dass die spanischen Könige in höchster Sorge waren, denn immerhin zeichnete sich schon bald ab, dass Johanna eventuell die Nachfolge ihrer Eltern, der Katholischen Majestäten, antreten sollte, eine Frau, die neben anderen Absonderlichkeiten auch die Gebote der Kirche nicht in dem Maße beachtete, wie dies die Eltern forderten. Ungewöhnlich abweisend zeigte sich die junge Frau den Priestern gegenüber, die im Auftrag der spanischen Könige zu ihr geschickt wurden. Deren Ratschläge und Anordnungen fanden wenig Gehör; es war, als wollte sich Johanna von aller Welt abkapseln. Für sie zählte einzig und allein Philipp. Ungewöhnlich sinnlich wie sie war, versuchte sie mit drastischen Mitteln, die schon bald den Argwohn ihrer Umgebung hervorriefen, Philipp zu umklammern. Sie verbannte alle weiblichen Wesen vom Hof und beauftragte Spione, die über Philipps Tagesablauf Rechenschaft geben sollten. Es war kein Wunder, dass ihr Verhalten zunächst allgemeine Verwunderung, dann später Besorgnis hervorrief, ja, dass man allmählich an ihrem Verstand zu zweifeln begann.

Dass das ständige Begehren seiner Gemahlin Philipp, der sich politisch etablieren wollte, abstumpfte, war nicht verwunderlich. Er suchte seine politischen Ziele zu verwirklichen und die hießen: Ausgleich mit Frankreich und Annäherung an England. Inwieweit er Spanien in sein politisches Konzept einbaute, erahnten seine Schwiegereltern, die ihm keineswegs gewogen waren, freilich sehr bald. Und doch schien es für Isabella unausweichlich, dass Juanas habsburgischer Gemahl in absehbarer Zeit die Regentschaft zunächst in Kastilien und später auch in Aragon übernehmen würde. Ein Albtraum für die spanischen Könige! Ihr Lebensziel, die Einheit Spaniens herzustellen, schien auf tönernen Füßen zu stehen. Der ehrgeizige Habsburger würde alles zunichtemachen, davon waren Isabella und Ferdinand überzeugt.

Ferdinand von Aragon und Isabella von Kastilien

Zunächst sah es jedoch so aus, als würde sich Philipp als Herrscher in den Niederlanden bewähren. Er war in modernem Geist erzogen worden und sah mit klarem Auge die Bedürfnisse der Bevölkerung. Um endlich Ruhe im Land zu haben, versuchte er immer wieder einen Ausgleich mit Frankreich, denn nur so konnte es zu einem wirklichen Aufschwung in den Städten kommen.

Dass die Heirat mit der Spanierin für Philipp alle Tore zur Weltherrschaft öffnen würde, das konnte er freilich nicht ahnen. Der Tod führte in diesem politischen Drama Regie und spielte gleichzeitig die Hauptrolle. Die psychisch labile Johanna wurde durch ihn zur Erbin der kastilischen und aragonesischen Gebiete, obwohl sich alle darin einig waren, dass diese junge Frau, die ständig in anderen Umständen war, niemals in der Lage sein würde, das Erbe ihrer Eltern sinnvoll zu verwalten. Auch wenn Johanna darauf bestanden hätte, in den spanischen Gebieten zu herrschen, hätten sich für sie ärgste Probleme ergeben. Schon längst hatte Philipp erkannt, welche Chancen sich für ihn als Regent ergeben konnten, und so streckte er die Hand nach den Kronen von Kastilien und Aragon schon aus, als er kaum spanischen Boden betreten hatte. Seine Schwiegereltern erkannten schmerzlich, dass der junge ehrgeizige Habsburger bereits 1502 versuchte, seine Rechte als Prinzgemahl durchzusetzen und nur aus diesem Grund nach Spanien gekommen war. Hatten Isabella und Ferdinand gehofft, dass Johanna in der Heimat aus ihrer Lethargie aufwachen würde, so waren sie gründlich enttäuscht worden. Sie zog sich noch mehr in ihr Schneckenhaus zurück und machte einen erschreckend trüben Eindruck, der sich noch dadurch verstärkte, dass Philipp allein in die Niederlande zurückgekehrt war und sie in Spanien zurückgelassen hatte, wo sie ihren zweiten Sohn Ferdinand zur Welt brachte.

Philipp erstattete gleich nach seiner Ankunft in den Niederlanden den Ständen einen ausführlichen Bericht, den die Vertreter der Städte sehr positiv aufnahmen. Sie erkannten die wirtschaftlichen Chancen, die sich in der Zukunft auftun sollten, wenn Spanien und die wirtschaftlich florierenden Niederlande von einer Hand regiert werden würden.

Von großer Sorge gequält, sah Königin Isabella im Jahre 1504 den Tod näherkommen. Wer sollte ihre Krone, die ihr keineswegs in den Schoß gefallen war, fürderhin tragen? So sehr sie sich auch bemühte, den Geisteszustand Johannas zu durchschauen, kam sie zu keinem Ergebnis. War die Tochter tatsächlich geisteskrank oder spielte sie nur die Wahnsinnige, um in Ruhe gelassen zu werden? Isabella konnte nicht wissen, dass diese Frage bis heute von der Wissenschaft nicht geklärt ist. Oder machte man sie bewusst wahnsinnig?

Isabella wusste, dass sie handeln musste: Sie bestimmte kurz vor ihrem Dahinscheiden, dass ihr Ehemann Ferdinand von Aragon die Regierungsgeschäfte in Kastilien führen sollte; so lange, bis der älteste Enkel Karl in der Lage war, die Krone Kastiliens zu tragen. Trotz dieses Kodizills wurde Johanna im Jahre 1505 zur Königin von Kastilien ausgerufen. Dies war für Philipp ein erstes Sprungbrett zur Macht, da er jetzt versuchen konnte, ständig auf Johannas Regierungsunfähigkeit hinzuweisen. Denn wenn einer in Kastilien in Zukunft herrschen sollte, dann konnte es nur er sein.

Allerdings galt es für Philipp, zunächst diverse Stolpersteine aus dem Weg zu räumen: Zuerst musste er seinen Niederländern seine längere Abwesenheit erklären, was ihm auf Grund seiner Beliebtheit leichtfiel. Die zweite Hürde war schon wesentlich schwieriger zu überwinden: Sein aragonesischer Schwiegervater strebte selbst die Macht über Kastilien an, wobei ihm seine unberechenbare Tochter nur zugutekam. Eine dritte und nicht zu übersehende Schwierigkeit waren die Cortes, die spanischen Stände. Erst nach langem Zögern und vielen Bedenken stimmten diese schließlich zu, dass der Habsburger zum Königsgemahl ernannt wurde. Philipp hatte sein Ziel erreicht, er konnte in Kastilien als Herrscher auftreten – eine gute Voraussetzung, um den ungeliebten Schwiegervater zu entmachten.

Das Schicksal hatte aber ganz andere Pläne mit den Habsburgern. Nicht Philipp sollte die Weltherrschaft antreten, sondern sein unattraktiver Sohn Karl, der – obwohl in den Niederlanden geboren und aufgewachsen – viel eher seiner spanischen Mutter glich. Sein lebenslustiger, schöner Vater hingegen wäre wahrscheinlich in Spanien immer ein Fremder geblieben. Denn wenn Philipp, wie berichtet wurde, mit lautem Getöse seines Gefolges durch die Lande zog und sich nicht an die althergebrachten Sitten hielt, fühlten sich die oft bigotten Spanier abgestoßen, ja der Habsburger kam ihnen geradezu gottlos vor. Vor so einem Menschen musste man sich schützen!

In seiner unbeschwerten Art versuchte Philipp, auch in Spanien sein gewohntes Leben weiterzuführen, ohne auf die Ratschläge und Warnungen zu hören, die ihm von allen Seiten zugetragen wurden. Er war ein Fremder, der aber die Gefahren des Fremdseins nicht in Betracht zog. Warum sollte ihm etwas zustoßen, er wurde schließlich hier gebraucht, wollte man nicht seine verrückte Frau auf dem Thron sehen. Deshalb nahm er auch die Warnungen eines Utrechter Geistlichen nicht ernst, der ein langes Schreiben aus Rom an Philipp geschickt hatte:

„Sire, ich weiß sehr wohl, dass Sie sich verschiedener geheimer Ratschläge erinnern, die Sie bezüglich Ihres körperlichen Wohlbefindens und Ihrer Ernährung erhalten haben. Sire, ich mache Sie darauf aufmerksam, und Antonio (Anm. d. V. de Acuna) ebenfalls, daß es absolut notwendig ist, daß Sie noch viel sorgfältiger sind, als Sie es gewesen sind, und daß Sie diese Ratschläge strikt befolgen. Es darf Sie nur ein einziger Mann bei Tisch bedienen (...) und überdies müssen Sie dafür sorgen, daß niemand in Ihre

Küche kommt, der nicht zu Ihrem Personal gehört. Denn abgesehen davon, daß die Astrologen Sie bereits auf so wunderbarliche Weise vor dieser Gefahr gewarnt haben, hat man zudem noch auf der Versammlung des Hauptkapitels der Franziskanermönche nach jeder Richtung hin darüber gesprochen. Diese Brüder kommen überall hin. Zuvor haben sie mit Deckworten darüber gesprochen. Ich weiß, daß Sie, sowohl den Bräuchen des Landes entsprechend als auch zwecks Wahrung Ihres körperlichen Wohlbefindens, nicht mehr daran gewöhnt sind, außerhalb des Hauses zu essen wie in Ihrem Geburtsland. Das ist außerdem auch gar nicht nötig. Bedenken Sie doch, Sire, um Ihres eigenen Wohlbefindens willen, daß es keinen Fürsten in der Welt gibt, der mehr auf der Hut sein muß als Sie. Das ist gar nicht so beschwerlich, wenn Sie sich dazu herbeilassen, denn Sie haben Menschen aus Ihrem eigenen Heimatland bei sich, und die werden sich gut dieser Aufgabe entledigen. Es ist doch gar nicht notwendig, außer Haus zu essen. Und weil die Gerichte von König Ferdinand Ihnen gar nicht gut bekommen und nicht nach Ihrem Geschmack zubereitet sind, so glaube ich, Sie sollten nicht zu oft zu ihm zum Essen gehen. Sie werden gut daran tun, vor allem im Sommer. Deshalb ist es notwendig, daß Sie Gerichte zu sich nehmen, die Ihnen gut bekommen. Weiterhin mache ich Sie darauf aufmerksam und flehe Sie an, sich nicht so sehr in die Gewalt anderer zu begeben, so daß Sie es gar nicht mehr in der Hand haben würden, zu tun, was Sie wollen, sei es in der Kirche oder anderswo …“

Dieser Brief deutete darauf hin, dass man im Geheimen schon längst Pläne schmiedete, den ungeliebten Habsburger aus Kastilien zu entfernen. Auch er wurde gewarnt, wie so viele politisch ambitionierte Männer der Weltgeschichte. Kaum einer hat die Warnungen je ernst genommen.

Auch Philipp nicht, er erkannte nicht die Gefahren, die sich um ihn zusammenbrauten, angefangen von seinem Schwiegervater über die spanische Geistlichkeit, die unter den Katholischen Majestäten allumfassende Macht erlangt hatte. Philipp war zu sehr von dem Gedanken beseelt, unangreifbar, ja unverwundbar zu sein.

Mitten im spanischen Sommer ereilte ihn bei einem neuen Ballspiel, das er mit seinem Gefolge ausprobieren wollte, das Schicksal. Erhitzt vom

Johanna die Wahnsinnige betrachtet den Sarg ihres Ehemanns.

Spiel, verlangte er nach einem Becher eisgekühlten Wassers, den er gierig leerte. Plötzlich überkam ihn eine unerklärliche Übelkeit, zu der sich heftige Bauchschmerzen gesellten, die sich zu Koliken steigerten.

Die eilends zugezogenen Ärzte standen machtlos um das Krankenlager. Man setzte Schröpfköpfe an und ließ den Ohnmächtigen wiederholt zur Ader, schließlich stellte sich Fieber ein, so dass der Tod allmählich Besitz von ihm ergreifen konnte.

Johanna, die wieder ein Kind erwartete, konnte den Tod des geliebten Mannes nicht fassen. Sie gab Order, den Leichnam nicht bestatten zu lassen, nachdem man ihn nach den Rezepten der damaligen Zeit präpariert hatte. Eine Zeit lang zog sie mit dem toten Gemahl in Spanien umher, bis man ihr Philipp wegnahm und beisetzte.

Mit dem Tod Philipps, des einzigen Sohnes von Kaiser Maximilian, hatte sich die politische Landschaft Europas grundlegend verändert.

Die Habsburg-Ära in Spanien konnte mit Karl V., der in Spanien Carlos I. genannt wurde, beginnen.

Der spanische König Karl I. war ein Habsburger

Der Herrscher über ein Weltreich erblickte das Licht der Welt auf einem Abort!

Heutzutage würden die Gazetten der internationalen Klatschpresse in aller Welt diese absurde Tatsache ausgiebig verkünden, ausgeschmückt mit entsprechenden Bildern aller Beteiligten. Freilich machte diese wenig standesgemäße Geburt auch im Jahre 1500 die Runde und Eingeweihte erfuhren, dass der älteste Sohn des Habsburger Prinzen Philipp mitten in der Nacht an so einem unwirtlichen Ort geboren wurde.

Obwohl die Geburt des Kindes unmittelbar bevorstand, hatte es sich Juana, die Gemahlin von Prinz Philipp, nicht nehmen lassen, ein Tanzfest, das ihr Gemahl veranstaltet hatte, zu besuchen. Eifersüchtig wachte sie über ihren Ehemann, dem die attraktivsten Frauen schöne Augen machten und den sie unter keinen Umständen, auch nicht unter den gegebenen, allein dem Ballvergnügen überlassen wollte. Zwar hatten ihr die Ärzte abgeraten, hochschwanger wie sie war, die Festivität zu besuchen, denn jeden Moment konnten die Wehen einsetzen, aber Juana schlug alle Ratschlage in den Wind.

Als sie dann die Wehen tatsächlich im Ballsaal überfielen, wusste man zunächst nicht, wohin man die Gebärende bringen sollte, da die entsprechenden Räumlichkeiten für so eine außerordentliche Entbindung fehlten. Irgendjemand kam auf die Idee, den Gebärstuhl in aller Eile in den Abort zu stellen, wo Juana unter lautem Singen am 24. Februar 1500 mitten in der Nacht ihren ersten Sohn zur Welt brachte.

Karl V. als Jüngling

Nicht nur in dieser schweren Stunde hatte Juana ein überaus seltsames Verhalten an den Tag gelegt, mit ihrer merkwürdigen Art hatte sie auch den niederländischen Hofstaat, der sie umgab, vor den Kopf gestoßen, so dass sowohl ihr Gemahl Philipp als auch dessen Vater, Kaiser Maximilian, schon bald die Ansicht vertraten, dass Juana nicht in der Lage sein würde, ihre Kinder selbst aufzuziehen. Daher übergab man den Knaben seiner Tante Margarete, in deren Obhut sich schon Karls Schwestern befanden.

Margarete, der einzigen Tochter des Kaisers, hatte das Schicksal schwer mitgespielt. Als kleines Kind war sie auf Anordnung der niederländischen Stände nach Frankreich gebracht worden, wo sie mit dem Infanten Karl, einem schwächlichen jungen Burschen, verheiratet wurde. Durch diese politische Heirat sollte der Konflikt mit Frankreich endgültig beendet werden. Als sich allerdings für Karl die Möglichkeit auftat, die reiche Erbin der Bretagne zum Altar führen zu können, löste er von sich aus die Ehe mit der Habsburgerin und schickte Margarete nach Hause.

Eine neue Chance kam auf das junge Mädchen zu, als die spanischen Könige und der Kaiser übereinkamen, dass Margarete mit dem spanischen Infanten Juan und ihr Bruder Philipp mit dessen Schwester Juana verheiratet werden sollten. Diese politische Zweckheirat sah zunächst vielversprechend aus. Der spanische Thronfolger entbrannte in leidenschaftlicher Liebe zu seiner jungen Frau und auch Margarete lebte sich am Hof von Kastilien überraschend schnell ein, da nicht nur ihr Ehemann von ihr hingerissen war, sondern auch die Schwiegereltern. Juan wich Tag und Nacht nicht von ihrer Seite, er „liebte sich buchstäblich zu Tode".

Nachdem Margarete noch einen toten Sohn zur Welt gebracht hatte, kehrte sie als junge, unglückliche Witwe in die niederländische Heimat zurück. Noch einmal schien ihr das Schicksal hold zu sein, als sie als Braut nach Savoyen kam, um Philibert von Savoyen zu heiraten. Nur fünf Jahre der Harmonie und des Glücks waren ihr beschieden, dann starb der junge Ehemann ganz plötzlich nach einer Jagd.

Auf eine weitere Ehe verzichtete Margarete, so sehr sich auch ihr Vater bemühte, einen neuen Ehemann für sie zu finden – Maximilian dachte an einen englischen Prinzen –, so eindeutig stellte sich Margarete gegen etwaige Heiratspläne.

Als dynamisch-tüchtige Frau stand sie ihrem Vater bei wichtigen Entscheidungen zur Seite, wodurch sie im Laufe der Jahre für ihn zu einer unentbehrlichen Stütze wurde. Ihr Hof in Mechelen war weit über die Grenzen der Niederlande berühmt, hier trafen Wissenschaftler und Künstler einander und erfreuten sich uneingeschränkter Gastfreundschaft.

Für die Kinder ihres Bruders engagierte Margarete die besten Lehrer, wobei die Mädchen auch in den Wissensgebieten unterrichtet wurden, die in der damaligen Zeit eigentlich nur den Knaben vorbehalten waren.

Da Karl schon in jungen Jahren als Nachfolger seines Vaters Philipp angesehen wurde, eventuell sogar als späterer Kaiser, nahm er eine Sonderstellung unter den Kindern am Hofe von Mechelen ein: Ihm wurde eigens serviert, alle durften nur essen, wenn auch er mit der Mahlzeit begann, es war ihm nicht erlaubt, an wilden Spielen teilzunehmen, er führte als Kind schon das Leben eines Auserwählten.

Dies war sicherlich für später eine Hypothek, die Karl ein Leben lang belastete. Dazu kam sein angeborener Hang zur Schwermut, ein Erbe seiner spanischen Mutter. Während einige seiner Schwestern und auch Karls jüngerer Bruder Ferdinand die Gabe hatten, auf andere Leute unbefangen zuzugehen, distanzierte er sich, ja er zog sich oft in sein Schneckenhaus zurück. Dies ließ ihn unnahbar erscheinen.

Margarete hatte für den zukünftigen Herrscher die besten Lehrer auserwählt, unter ihnen Adrian von Utrecht, einen hochgebildeten Mann, dessen Toleranz allgemein geschätzt wurde. Er beeinflusste seinen Zögling dahingehend, dass Karl in späterer Zeit, als er an der Macht war, niemals spontane Entscheidungen vor allem in religiösen Fragen traf.

Für die allgemeinen Unterrichtsfächer wählte Margarete sowohl Niederländer als auch Spanier aus, unter ihnen Robert von Gent und Luis Vaca. Natürlich erkannte die Tante schon bald, dass Karl keineswegs die robuste Natur seines Vaters geerbt hatte und als ängstliches Kind wenig Freude an körperlicher Bewegung empfand. Vorsichtig ging sie zu Werke und engagierte Charles de Poupet und den Herrn von La Chaux als Reit- und Fechtlehrer, die den Jüngling nicht überforderten, wodurch Karl allmählich seine Ängstlichkeit ablegte und Freude an den Ausritten empfand. Dieser Erfolg beflügelte seinen Willen und bewirkte, dass er in der Zukunft mit zäher Energie auch die größten Schwierigkeiten überwand.

Margarete hatte ihn früh zu einem Herrscher erzogen, von dem man erwartete, dass er die althergebrachten Traditionen und die höfischen Usancen weiter pflegen würde, vor allem aber das burgundische Hofzeremoniell. Wilhelm von Croy war ihr absoluter Vertrauensmann, ein Diplomat vom Scheitel bis zur Sohle, der sich schon unter Kaiser Maximilian große Meriten erworben hatte. Ihn stellte Margarete Karl zur Seite, dessen große Klugheit der Kaiser nicht genug preisen konnte.

Margarete bemühte sich mit allen ihr zur Verfügung stehenden Mitteln, aus Karl einen Ideal-Herrscher zu machen. Und wenn auch Karl als Jüngling manchmal an der Kompetenz der Tante zweifelte, so anerkannte er

Jakob Fugger, porträtiert von Albrecht Dürer, ca. 1518

als Erwachsener die Verdienste Margaretes. Denn sie hatte nicht nur den späteren Kaiser im Auge, für sie war Karl ein Mensch, den sie liebevoll zu formen versuchte.

Obwohl sie viel erreicht hatte, erlitt sie dennoch Schiffbruch, wenn es darum ging, dem Neffen Sprachen beibringen zu lassen. In Wirklichkeit beherrschte Karl keine Sprache korrekt, denn auch das Niederländische, die Sprache seiner Kindheit, ging im Laufe der Jahre verloren, das Spanische, seine „Mutter-Sprache", war ihm genauso fremd wie das Deutsche, er war bei allen wichtigen Entscheidungen auf die verschiedenen Dolmetscher angewiesen. Und da er keine Sprache korrekt sprach, hatte er auch Hemmungen, in den jeweiligen Ländern, die er beherrschte, mit der Bevölkerung in Kontakt zu kommen. Er wurde gleichsam „unnahbar gemacht".

Einer seiner Aussprüche umriss die Situation: „Spanisch spreche ich mit meinem Gott, Italienisch mit den Damen, Französisch mit den Herren und Deutsch mit meinem Pferd." Wobei dieser letzte Vergleich keineswegs beleidigend für die Deutschen sein sollte, denn ein Pferd war nun einmal in dieser Zeit ein ganz wichtiger Partner, wenn nicht sogar ein Freund.

Die Tante Margarete verfolgte mit dem Neffen vor allem ein Ziel: Er sollte die Nachfolge seines Großvaters als König und später als Kaiser im Reich antreten. Es war der politisch versierten und mit viel Fingerspitzengefühl ausgestatteten Dame von allem Anfang an klar, dass die Durchsetzung ihres Neffen im Reich mit großen Schwierigkeiten, vor allem aber mit viel Geld verbunden war, denn die Kurfürsten, die die Königsmacher waren, hielten die Hände weit auf. Dass alle bestochen werden wollten, war absolut kein Geheimnis, ja man legte die Summen beinah schon fest, die die Krone des Heiligen Römischen Reiches kosten sollte.

Margarete wusste genau, mit wem sie sich gut stellen musste, denn sie erkannte auch, dass sie keine Geldflüsse aus Spanien erwarten konnte, obwohl Karl mit 17 Jahren zum spanischen König von Kastilien ernannt worden war als Nachfolger seines Vaters und Stellvertreter seiner Mutter, die nicht regierungsfähig war. Wie befürchtet, zeigten sich die Cortes keineswegs begeistert, einen Habsburger auf dem kastilischen Thron hieven zu müssen, obwohl Karl mit seinem verschlossenen Wesen eher einem Spanier als einem lebensfrohen Niederländer glich.

Margarete wusste genau, wie sie die Verhandlungen mit den deutschen Kurfürsten führen musste, um den Neffen als zukünftigen Herrscher durchzubringen. Daher begann sie, ihre diplomatischen Fäden schon zu Lebzeiten ihres Vaters Kaiser Maximilian zu ziehen, damit sie nach dessen Tod freie Hand haben konnte. Denn sowohl der König von Frankreich Franz I. als auch der König von England Heinrich VIII. bezeugten ernstes Interesse an der deutschen Königskrone. Auch sie würden viel Geld locker machen, um sich die Gunst der Königsmacher zu erkaufen. Allerdings war die finanzielle Ausgangsposition für Karl viel günstiger, denn sowohl Kaiser Maximilian als auch seine Tochter hatten die besten Beziehungen zu den reichen Fuggern und Welsern, die sich bereit erklärten, die Königswahl Karls zu unterstützen. Als gewiefte Kaufleute sponserten sie den jungen

Sacco di Roma, Gemälde von Johannes Lingelbach

Habsburger nicht aus Uneigennützigkeit, sie rechneten sich größere Gewinne aus, wenn sie Karl unterstützten, der in Greifweite sein würde, anders als der Franzose oder Engländer.

Die Königswahl fand in Frankfurt statt, wenige Monate nach dem Tod des alten Kaisers. Die Summen Geldes, die die Kurfürsten kassierten, waren selbst in der damaligen Zeit beinahe astronomisch, ein Anwärter auf den Thron versuchte den anderen zu überbieten. Margarete hielt sich bei dem „Handel" bedeckt, sie wusste, was die Fugger bieten würden und war beruhigt, als auch die Welser noch in dieses Geschäft einstiegen. Als Dank vermachte Karl den Welsern das neu entdeckte Venezuela, denn nur, indem er Länder und Bergwerke verschenkte oder verpfändete, war er in der Lage, seine Schulden einigermaßen abzuzahlen.

Geldsorgen bedrückten den neuen König und Kaiser genauso wie seinen Großvater. Die Kriege gegen seinen Dauerfeind Frankreich verschlangen Unsummen, so dass er den Sold seines zusammengewürfelten Heeres

Martin Luther, Porträt von Lucas Cranach d. J.

nur selten begleichen konnte. Karls Geldknappheit führte zu einer unrühmlichen Entscheidung, die der Habsburger schon bald bereuen sollte: Er gab den Söldnern anstelle des Soldes 1527 die Stadt Rom zur Plünderung frei – etwas, was in Italien noch nach Jahrhunderten sein Image stark schmälerte, denn die Soldateska wütete unvorstellbar in der heiligen Stadt, wobei selbst der Papst in eine bedrohliche Lage kam. Clemens VII. rettete sich im letzten Moment in die Engelsburg.

Hatte man Karls Großvater Maximilian als den Kaiser mit den fliehenden Sohlen bezeichnet, so hätte man sicherlich einen ähnlichen Ausdruck für den Enkel finden können. Denn seit seiner Krönung in Spanien war er ein Leben lang unterwegs, ohne feste Residenz, obwohl er sich nach seiner Eheschließung mit seiner Cousine Isabella von Portugal öfter und für längere Zeit in Granada aufhielt. Die Probleme, die sich überall auftaten, waren vielfältig und verlangten zur Lösung die Anwesenheit des Herrschers. Karl zog ein Leben lang bis knapp vor seiner Abdankung in dem riesigen Reich umher, stets zu Pferd und dabei jeder Witterung ausgesetzt.

Es war nicht nur die ungesunde Art des Essens, die ihn schon sehr früh altern ließ. Seine schlanke Gestalt bot keinen Hinweis darauf, welche Unmengen er verschlingen konnte, wobei vor allem das Bier in Strömen floss. Schwere Stoffwechselerkrankungen waren die Folge. Gichtig wie er war, konnte Karl in der Schlacht bei Mühlberg gegen die Protestanten sein Pferd nicht ohne Hilfe besteigen.

Unruhen im Reich und kriegerische Gebärden des Franzosenkönigs Franz I. ließen ihn nicht zur Ruhe kommen, dazu gesellten sich die Berichte über die Tätigkeiten eines Martin Luther, die Karl zutiefst beunruhigten. Selbst der Papst hatte von dem revolutionären Augustinermönch erfahren und Luther nach Rom beordert. Nach der Veröffentlichung der 95 Thesen in der Schlosskirche von Wittenberg war es zu einem regelrechten Aufruhr innerhalb der Kirche gekommen, den Karl, so gut es ging, unterdrücken wollte. Er lud Luther nach Worms ein, wobei er ihm freies Geleit zusicherte. Wie sehr man sich allerdings generell auf kaiserliche Zusagen verlassen konnte, hatte das Beispiel von Jan Hus gezeigt, der 1415 trotz aller Versprechungen verbrannt wurde. Daher sahen es die zahlreichen Anhänger Luthers als notwendig an, Luther sicher auf die Wartburg zu bringen, nachdem dieser der kaiserlichen Aufforderung, zu widerrufen, nicht nachgekommen war.

Als Luther in Worms vor ihm stand, hatte Karl noch nicht erkannt, wie stark sich das Gedankengut des Augustinermönchs schon verbreitet hatte. Das religiöse Deutschland war gespalten, die Ablassgelder, die nach Rom flossen, hatten zu viel böses Blut gemacht. Die Versuche Karls, die Einheit der katholischen Religion zu erhalten, waren schon im Kern gescheitert. Das „Interim" und später der Religionsfrieden von Augsburg zeigten höchstens den guten Willen des Kaisers, eine endgültige Glaubensspaltung zu verhindern, die Lösung des Problems wäre ganz woanders zu suchen gewesen.

Die Aufgaben, die auf den jungen Herrscher warteten, waren beinah nicht zu bewältigen, was Karl schon bald einsah. Er brauchte Unterstützung von einem Menschen, dem er vertrauen konnte. Und obwohl er seinen Bruder Ferdinand, der in Spanien geboren und aufgewachsen war, eigentlich nur aus der Ferne kannte, sah er in ihm den richtigen Mann, der den Ostteil des Riesenreiches und somit auch die österreichischen Länder regieren sollte. Zwei Jahre nach seiner Wahl zum Römisch-Deutschen König übertrug er auf dem Reichstag in Worms 1522 die Regentschaft im Osten seinem Bruder Ferdinand, während er selbst in Zukunft die Geschicke Spaniens und seiner Nebenländer sowie die der Niederlande zu lenken gedachte.

Mit den österreichischen Ländern übernahm Ferdinand auch die Verpflichtung, die weiten Gebiete im Osten gegen die Türken zu verteidigen, die in den letzten Jahrzehnten immer näher gerückt waren und die dort, wo sie durchzogen, Tod und Verwüstung hinter sich ließen. Es sollte noch eineinhalb Jahrhunderte dauern, bis sie in die Schranken gewiesen wurden.

Auf den jungen Kaiser kamen gewaltige Probleme zu, denn sein größter Rivale bei der Königswahl, Franz I. von Frankreich, schien nur darauf gewartet zu haben, Karl das Heft in der europäischen Politik aus der Hand zu nehmen. Mit einem gewaltigen Heer im Hintergrund zwang er den jungen König des Heiligen Römischen Reiches in Oberitalien zum Kampf. Beide Herrscher waren bei dem blutigen Gemetzel 1525 in der Gegend von Pavia anwesend, aber während Karl den Sieg für sich verbuchen konnte, wurde der französische König vom Pferd gestoßen und geriet blutüberströmt in Gefangenschaft.

Karl war ein nobler Sieger, was Franz I. weidlich ausnützte. Denn sein ganzes Streben in den nächsten Jahren ging dahin, sich für die Niederlage in Oberitalien zu rächen. Zeitlebens spann er Intrigen gegen den Kaiser, die Karl nur selten durchschaute. Selbst vor einem Bündnis mit den Türken, die immerhin für das ganze Abendland zu einer riesigen Gefahr geworden waren, scheute der dubiose Franzosenkönig nicht zurück. Obwohl Sultan Suleiman nichts unternahm, um Franz I. zu unterstützen, bezeichnete er den Franzosenkönig als alten aufrichtigen Getreuen und Freund des Hofes der Glückseligkeit.

Im Frieden von Madrid 1526 versprach der König von Frankreich dem erwählten Kaiser hoch und heilig alles, was er forderte, vor allem die He-

Kaiser Ferdinand I.

Der französische König Franz I.

rausgabe der burgundischen Gebiete. Kaum aber hatte er seinen Fuß auf französischen Boden gesetzt, erklärte er alles für null und nichtig und brachte dadurch selbst seine beiden Söhne, die als Geiseln in Madrid zurückgehalten wurden, in Gefahr.

Noch viel später rächte sich Franz I. für die erlittene Schmach der Gefangennahme, indem er Eleonore, die schöne Schwester des Kaisers, die einen versöhnlichen Ausgleich durch ihre Heirat herbeiführen sollte, wo es möglich war, demütigte und sie öffentlich mit seinen Mätressen betrog.

Durch den Sieg über den König von Frankreich hatte Karl eine unumschränkte Machtposition in Europa errungen; alles, was ihm noch fehlte, war die offizielle Krönung durch den Papst. Die Verhandlungen allerdings mussten dahingehend geführt werden, dass die Krönung auf keinen Fall in

Papst Clemens VII.

Rom stattfinden sollte, denn der Sacco di Roma im Jahr 1527, die schändliche Plünderung Roms durch kaiserliche Truppen, war noch lange nicht in Vergessenheit geraten. Auch Papst Clemens VII. zeigte wenig Interesse, Karl die Kaiserkrone aufzusetzen, zu schrecklich war die Erinnerung an das Wüten der Spanier und Deutschen in der heiligen Stadt. Voller Angst hatte der Papst alles hautnah in der Engelsburg miterlebt, wohin er sich, umgeben von ein paar Getreuen, in letzter Sekunde geflüchtet hatte.

Aber auch Clemens VII. war ein wetterwendischer Mann, der sein Mäntelchen nach dem Wind hängte und niemals sein wahres Gesicht zeigte. Als es für ihn opportun erschien, sich mit dem Kaiser auszusöhnen, stand einer Kaiserkrönung eigentlich nichts mehr im Wege. Wenn auch nicht in Rom, so doch in Bologna.

Es sollte die letzte Krönung eines Habsburgerherrschers durch einen Papst sein.

Die Kaiserkrönung 1530 in Bologna wurde zu einem riesigen Fest, zu dem die Reichen und Schönen geladen waren. Höhepunkt der Zeremonie war nicht etwa die Krönung selbst, sondern der Augenblick, in dem der frisch gekrönte Kaiser die Steigbügel des Papstes hielt, eine Geste der Unterwürfigkeit, die kaum einer der Anwesenden erwartet hätte.

Aber Karl war das Wohlwollen des Heiligen Vaters in seiner Auseinandersetzung mit Frankreich und in dem Kampf gegen die Türken unendlich wichtig. Die Osmanen hatten schon ein Jahr vorher versucht, die Stadt Wien einzunehmen und dabei das ganze Umland verwüstet. Was Karl nicht ahnen konnte, war die Tatsache, dass auch der Papst geheime Verhandlungen mit dem türkischen Sultan führte. Als redlicher Mensch konnte sich der Kaiser wahrscheinlich diese Ungeheuerlichkeit kaum vorstellen!

Auf den frisch gekrönten Kaiser warteten im Reich die nächsten großen Aufgaben. Der Protestantismus hatte sich in den letzten Jahren im

Die beiden Schlußseiten des Augsburger Religionsfriedens
vom 25. September 1555
mit der Unterschrift und dem Siegel Kaiser Ferdinands I.
Wien, Staatsarchiv

Die beiden Schlussseiten des Augsburger Religionsfriedens, unterschrieben von Kaiser Ferdinand I.

ganzen Reich verbreitet, so dass Karl ununterbrochen gezwungen war, den Protestanten halbherzige Zugeständnisse zu machen, war es nun am Reichstag von Augsburg 1530 oder im Nürnberger Religionsfrieden, in dem er seinem Bruder Ferdinand als Anreiz Hilfe gegen die Türken zusagte. Es war ein ständiges Erlauben und Verbieten, ein Hin und Her, das in der Schlacht bei Mühlberg 1547 im Schmalkaldischen Krieg und schließlich 1555 im Augsburger Religionsfrieden ein vorübergehendes Ende fand.

Daneben machten die Franzosen dem Kaiser nach wie vor das Leben schwer. Es ging nicht mehr nur um die burgundischen Gebiete, Oberitalien war der große Zankapfel, der Franz I. ein Leben lang ins Auge stach. Auch sein Sohn und Nachfolger Heinrich II. ruhte nicht, den Kaiser zu bekämpfen, der ihn seinerzeit als Geisel hatte nach Spanien bringen lassen.

Bei all den größtenteils aufgezwungenen Feindschaften blieb dem Kaiser nicht viel Zeit für ein sorgenfreies Privatleben, obwohl Karl auf Grund seiner Position sicherlich von den Damen umschwärmt war, trotz seines unattraktiven Äußeren. Aber Macht war zu allen Zeiten sexy.

Schon sein Großvater Maximilian, der auf Grund seiner reichlichen Erfahrung mit schönen Frauen ein kompetenter Ehevermittler war, hatte versucht, dem Enkel eine passende Braut zu suchen. Immerhin standen in der Doppelhochzeit von Wien im Jahre 1515 halbe Kinder und ein alter Mann vor dem Traualtar, denn Maximilian spielte den Stellvertreter für seinen Enkel Ferdinand. Die kleine ungarische Anna sah sich schon als zukünftige Gemahlin des späteren Kaisers und wurde dementsprechend in Innsbruck erzogen.

Es sollte ganz anders kommen. Nicht Karl führte sie ins Brautbett, sondern sein Bruder Ferdinand. Aus der momentanen großen Enttäuschung für Anna wurde schon bald eine der glücklichsten Ehen in der habsburgischen Geschichte.

Aber auch Karl fand das Glück seines Lebens in einer Gemahlin, die zunächst klar ausgesprochen hatte, was sie suchte. „Aut Caesar aut nihil“ – entweder den Kaiser oder nichts. Die schöne portugiesische Prinzessin Isabella konnte diese Forderung stellen, denn sie galt als reichste Braut in ganz Europa. Man könnte die Anbahnung dieser Verbindung als Zweckheirat bezeichnen, hätte sich nicht eine tiefe innere Zuneigung bei beiden entwickelt, die die ursprünglichen Motive für diese Ehe vergessen machte. Die Liebe war schon damals eine Himmelsmacht, denn eine andere Erklärung gibt es nicht, bedenkt man, dass Karl mit seinem weit vorstehenden Habsburgerkinn alles andere als ein gutaussehender Mann war und auch auf Grund seines verschlossenen Wesens kaum einen Funken Charme versprühte. Und doch galt seine Ehe mit Isabella als besonders glücklich.

So oft es die ununterbrochenen Streitigkeiten im Reich erlaubten, zog Karl nach Spanien, um wenigstens ein paar Wochen bei seiner Ehefrau zu verbringen. Wenn ihn die Pflicht rief, setzte er Isabella als Regentin in Spanien ein, denn sie war nicht nur eine schöne, sondern auch eine kluge Frau, die die Aufgaben, die ihr übertragen worden waren, zur vollsten Zufriedenheit Karls erledigte.

Es entbehrt nicht einer gewissen Tragik, dass Isabella nach jedem Besuch ihres Gatten in anderen Umständen war, wobei die Geburten der Kinder, von denen nur drei überlebten, sie jedes Mal an den Rand des Grabes brachten. Die letzte Geburt überlebte sie nicht, sie starb 1539 mit nur 36 Jahren.

Der Kaiser schien nach dem Tod seiner Gemahlin ein gebrochener Mann zu sein. Nur in der Religion, seinem tiefen Glauben schien er Trost zu finden. So erklären sich auch seine Worte: „... es gefiel Gott, sie zu sich zu rufen, und wir können sicher sein, er tat es aus seiner großen Barmherzigkeit."

Da er sich nicht persönlich um die Erziehung seiner Kinder kümmern konnte, verfasste der Kaiser genaue pädagogische Richtlinien, die von den jeweiligen Lehrern befolgt werden mussten. Besonderes Augenmerk sollte auf die Ausbildung seines Sohnes Philipp gelegt werden, von dem Karl hoffte, dass er seine Nachfolge auf dem Kaiserthron antreten würde. Er stellte feste Regeln auf, die noch zu Lebzeiten Isabellas ihre Gültigkeit hatten, wobei er sicher sein konnte, dass seine Gemahlin sich strikt an die Vorgaben halten würde, ja diese manchmal sogar härter auslegte, als sie gemeint waren. So scheute Isabella nicht davor zurück, den Sohn und die Töchter körperlich zu züchtigen.

Nur selten bekamen die Kinder ihren Vater zu Gesicht, denn der Kaiser zog ein Leben lang wie sein Großvater Maximilian im Reich umher,

Isabella von Portugal

wobei er sich in den österreichischen Ländern, die sein Bruder verwaltete, von Zeit zu Zeit aufhielt, meist, um in religiösen Kontroversen zu schlichten oder um mithilfe neuer Kredite der Fugger seine ständige Geldknappheit zu bekämpfen. Ab und zu besuchte er seine Schwester Maria in Mechelen, die er nach dem Tod seiner Tante Margarete als Statthalterin eingesetzt hatte und die mit großem Geschick ihrer Aufgabe gerecht wurde. Ein Resümee seines Wanderlebens zog der Kaiser in seiner Abschiedsrede in Brüssel. „Ich war neunmal in Deutschland, sechsmal in Spanien, siebenmal in Italien und kam zehnmal hierher nach Flandern. Ich war zweimal in England und zweimal in Afrika, das sind 40 große Unternehmungen [...] Achtmal habe ich das Mittelmeer durchquert und dreimal den Ozean." Und alles überstanden! Das hätte er noch hinzufügen müssen. Denn dieses dauernde Unterwegssein bei jedem Wetter, stets auf dem Rücken der Pferde, belastete seine Gesundheit von Jugend an.

Aber Karl hatte wahrscheinlich keine andere Möglichkeit, den Ansprüchen, die er an sich als Kaiser stellte, gerecht zu werden. Die Politik hatte von Anfang an das Leben des Kaisers geprägt. Als ältester Sohn des niederländischen Regenten Philipp übernahm er nach dem plötzlichen Tod seines Vaters mit nur 17 Jahren die kastilische Krone und nach dem Ableben seines Großvaters Ferdinand auch noch die aragonesische. Damit trug er die Verantwortung für die neuentdeckten Gebiete in der neuen Welt, die ihm, wie sich später herausstellen sollte, schwer zu schaffen machen würden.

Karl konnte wohl zeit seines Lebens nicht ruhig schlafen. Die wenigen Wochen, die er an der Seite seiner schönen Gemahlin in Spanien verbrachte, gehörten für ihn wahrscheinlich zu den wenigen heiteren Momenten in einem Leben, in dem Frauen kaum Platz hatten. Seine sexuellen Abenteuer waren nicht sehr zahlreich und meist von kurzer Dauer. Daher sind auch nur zwei Nachkommen aus außerehelichen Verbindungen des Kaisers bekannt: Margarete von Parma und Don Juan d'Austria, der spätere Sieger von Lepanto.

Die Mütter dieser Kinder spielten in Karls Leben eine absolute Nebenrolle. Er hatte die Kinderschuhe kaum abgestreift, als ihm in Oudenaarde ein blondes dralles Mädchen ins Bett fiel, Johanna van den Gheynst. Eine „natürliche" Tochter namens Margarete war die Folge dieses ersten intensiven Liebesabenteuers. Das Mädchen wurde der jungen Mutter kurz nach der Geburt weggenommen, da es eine standesgemäße Erziehung erhalten sollte. Als Margarete das heiratsfähige Alter erreichte, kam es zur Eheschließung mit Alessandro de' Medici, dem Stadtherrn von Florenz. Nach dessen baldiger Ermordung ehelichte sie Ottavio Farnese, den zukünftigen Herzog von Parma und Piacenza. Nicht nur emotional, auch geografisch blieb sich das Ehepaar fern, zumal Margarete später den Auftrag bekam, als Statthalterin in den Niederlanden für Zucht und Ordnung zu sorgen, wobei sie ebenfalls Schiffbruch erlitt.

Dass der Kaiser in den langen Jahren nach dem Tod seiner geliebten Frau nicht wie ein Mönch lebte, war nur zu menschlich, obwohl er die amourösen Abenteuer nicht direkt suchte. So wie sie gekommen waren,

Herzog Ottavio Farnese

verschwanden die willigen Damen, die ihm die Nächte verschönten, aus seinem Leben. Bis auf eine!

Barbara Blomberg hieß die attraktive und raffinierte Gurtlerstochter, mit der der Kaiser im Jahre 1546 auf einem Reichstag, der in Regensburg abgehalten wurde, die karge Freizeit verbrachte. Ihre Mutter hatte die Begegnung mit dem Kaiser eingefädelt, indem sie um eine Audienz ansuchte, bei der sie um Unterstützung für ihre unmündigen Kinder bat. Zum Dank für die positive Erledigung des Ansuchens stattete die schöne Barbara dem Kaiser einen Besuch im Bett ab.

Barbara Blomberg wusste genau, was sie tat. So ließ sie den kaiserlichen Liebhaber nicht einfach ziehen, sondern schaffte es, als Stallbursche verkleidet vor der Schlacht bei Mühlberg ins kaiserliche Zelt vorzudringen, um Karl

Kaiser Karl und Barbara Blomberg in der Herberge „Zum Goldenen Kreuz“

mitzuteilen, dass sie ein Kind, sein Kind, erwartete. Als der Knabe angeblich am Geburtstag Karls in Regensburg am 24. Februar 1547 das Licht der Welt erblickte, hätte er allerdings auch gut und gern einen anderen Vater haben können, denn Barbara war im Heerlager kein Kind von Traurigkeit gewesen.

Obwohl in Karl Zweifel nagten, verfügte er, dass das Kind, das auf den Namen Hieronymus getauft und aus dem Umkreis der liederlichen Mutter entfernt werden sollte, um eine solide Erziehung zu erhalten. Nach einigen Jahren wurde der Jüngling von seinen Zieheltern nach Spanien gebracht, wohin auch der Kaiser nach seiner Abdankung gezogen war. Aus der Ferne verfolgte Karl den Werdegang seines Sohnes, dessen Entwicklung durchaus vielversprechend war. Obwohl man sich allgemein erstaunt darüber zeigte, dass der gealterte Kaiser eine besondere Beziehung zu dem

Don Juan d'Austria

schönen jungen Mann zu haben schien, kannte niemand in Karls Umgebung die näheren Zusammenhänge. Dieses Geheimnis wurde erst nach dem Tod des Kaisers gelüftet, als Philipp, der die Nachfolge als König von Spanien angetreten hatte, erfuhr, dass dieser Jüngling sein Halbbruder war. Philipp räumte Hieronymus einen Platz am spanischen Hof ein und verlieh ihm den offiziellen Namen Don Juan d'Austria.

Die Mutter des neuen Prinzen Barbara Blomberg hatte es durchaus verstanden, die Situation für sich zu nützen und den Kaiser dazu zu bewegen, ihr lebenslang eine großzügige Apanage zu gewähren. Aber nicht nur für Karl hatte diese nicht standesgemäße Beziehung finanzielle Folgen, auch Philipp II. musste noch zahlen, sollte nicht der Fehltritt seines Vaters öffentlich bekanntgegeben werden.

Die Wanderjahre hatten dem Kaiser inzwischen beinahe jegliche Kraft genommen, die Regierungsgeschäfte weiterzuführen. Der 56-jährige Herrscher beschloss, die Regierungsgeschäfte für die niederländischen Gebiete und für Spanien in die Hände seines Sohnes Philipp zu legen. Für die österreichischen Gebiete schlug der Bruder Ferdinand seinen ältesten Sohn Maximilian vor, der allerdings nicht den besten Ruf in die Waagschale werfen konnte. Der junge Mann war als Weiberheld und Saufkumpan bekannt, der sich in übler Gesellschaft erst so richtig wohl fühlte. Der grundsolide Vater Ferdinand hatte seine liebe Not mit dem unmoralischen Sohn, dem auch seine Tante Maria, die die Regentschaft in den Niederlanden führte, nicht nur einmal ins Gewissen redete. Um diesen leichtlebigen Jüngling an die Kandare nehmen zu können, sollte er mit einer Kaisertochter, mit der Schwester Philipps II., verheiratet werden. Denn erst als geläuterter junger Mann kam er als Nachfolger seines Vaters in den österreichischen Ländern in Betracht.

Was niemand ahnen konnte, war die Tatsache, dass gerade dieser ungestüme Maximilian einer der besten Herrscher in den habsburgischen Ländern werden sollte, wenn er auch heimlich mit dem Protestantismus liebäugelte.

Als Kaiser Karl V. im Herbst 1556 in Brüssel eintraf und seine Rücktrittspläne öffentlich gemacht wurden, war die Überraschung im Riesenreich der Habsburger groß. Noch nie hatte ein Kaiser die Krone zurückgelegt, noch nie vor Karl hatte ein Herrscher seinen Rücktritt erklärt. Aber der Kaiser war ein müder, kranker Mann, von den Stürmen des Lebens gebeutelt.

Als Tag der Abdankung war der 25. Oktober festgesetzt, an dem auch Karls Schwester Maria die Regierungsgeschäfte in den Niederlanden niederlegen wollte. Alles, was im Reich Rang und Namen hatte, war zu den Feierlichkeiten erschienen, als der Kaiser bleich, auf einen Stock gestützt, mit unsicheren Beinen und einem gebeugten Rücken den Saal betrat. Jeden der Anwesenden überfiel ein Gefühl der Rührung beim Anblick des vorzeitig gealterten Herrschers über ein Weltreich. Mühsam kamen die Worte der Abdankung über Karls Lippen, wobei er sein Leben Revue passieren ließ. In seinen Schlussworten bat er alle um Verzeihung:

„Ich weiß, meine Herren, dass ich in meinem langen Leben schwerwiegende Fehler gemacht habe, aus Jugend, aus Unwissen, aus Nachlässigkeit. Oder wegen anderer Unzulänglichkeiten. Aber ich kann Euch versichern, dass ich niemals bewußt einem meiner Untertanen Unrecht tun wollte. Wenn dies trotzdem geschehen ist, dann nicht mit Absicht, sondern aus Unwissenheit, und ich bitte deshalb um Vergebung."

Auch die Schwester des Kaisers erklärte vor dem erlauchten Publikum ihren Rücktritt, auch sie bat ihre Untertanen um Verzeihung – eine Einmaligkeit in der Geschichte, denn bis dahin waren die meisten Herrscher von der Richtigkeit ihres Tuns in jeder Hinsicht überzeugt.

Nach dem offiziellen Rücktritt ernannte Karl seinen Sohn Philipp, der regungslos die bewegende Szene beobachtet hatte, zu seinem Nachfolger in Spanien und den Niederlanden. Sein Bruder Ferdinand aber würde die Kaiserkrone tragen, wie es schon in Augsburg vereinbart worden war. Nach dessen Tod sollte Philipp Kaiser werden und nach ihm – jedoch schien dies illusorisch – sein Cousin Maximilian; illusorisch deshalb, da die beiden Männer Philipp und Maximilian ungefähr im gleichen Alter waren.

Nachdem die offiziellen Reden beendet waren, begab sich der Kaiser auf eine bereitstehende Fregatte, um sich nach Spanien bringen zu lassen. Obwohl seine beiden Schwestern Maria und Eleonore mit an Bord waren, kam es zu keiner Begegnung der Geschwister, was sich die Schwestern von ganzem Herzen gewünscht hätten. Sie wollten endlich mit dem Bruder zusammen sein, nachdem dieser ihr ganzes bisheriges Leben bestimmt hatte. Aber auch in dem selbst gewählten Exil hatte der Kaiser nicht das Bedürfnis, Verbindung zu Maria und Eleonore aufzunehmen.

Die letzten beiden Lebensjahre verbrachte Karl in seiner einfachen Villa in der Nähe des Hieronymusklosters in Yuste. Hier konnte er ganz Mensch sein und den Rest seines Lebens in Ruhe inmitten seiner Uhren verbringen, die er jahrelang gesammelt hatte.

Um für seinen Tod vorbereitet zu sein, ließ er angeblich das zu erwartende Begräbnis, das in Schlichtheit abgehalten werden sollte, vorweg inszenieren, so dass er noch einige Ratschläge für seinen letzten Weg zu geben vermochte.

Kaiser Karl V. im Kloster von Yuste

Kaiser Karl V. starb am 21. September 1558. Er wurde zunächst, nur mit einer Mönchskutte bekleidet, im Hieronymuskloster beigesetzt. Seine Gebeine überführte man Jahre später, nach Errichtung des prunkvollen Escorial, auf Veranlassung seines Sohnes Philipp II. in die Grabstätte der spanischen Könige.

Der undurchsichtige König Philipp II.

Keine menschliche Regung zeigte sich im Gesicht des spanischen Königs Philipp, wie versteinert saß er schwarz gekleidet den Bittstellern gegenüber, keine Reaktion war in seiner Miene zu erkennen.

Von frühester Kindheit an war Philipp, der Sohn Kaiser Karls V. und seiner portugiesischen Gemahlin, dazu angehalten worden, in keiner Situation Emotionen auszudrücken. Seine Mutter hatte streng darauf geachtet, dass alle Vorschriften, die das Leben des Knaben bestimmten, akribisch eingehalten wurden. Der Sohn sollte in jeder Lebenslage Beherrschung zeigen und weder Freude noch Schmerz in seinem Gesicht zum Ausdruck bringen.

Ob der Vater auf dieses Verhalten ebenso großen Wert legte, ist nicht bekannt. Denn Karl war in jedem Jahr nur wenige Wochen im Kreise der Familie anzutreffen, die meiste Zeit seiner Ehe verbrachte er auf Kriegszügen weitab von Spanien. Seiner Gemahlin Isabella hatte er nicht nur die Regentschaft über Spanien übertragen, er ließ ihr auch völlig freie Hand bei der Erziehung der Kinder. Philipp als einziger Sohn und zukünftiger Nachfolger auf dem spanischen Thron – wenn nicht auch als Kaiser – wurde von ihr, was Sitte und Moral betraf, ganz besonders streng angefasst. Bei seinem eigentlichen Lernpensum war Isabella eher zurückhaltend, die von ihr engagierten Lehrer brachten dem Knaben Lesen und Schreiben erst mit sieben Jahren bei, ungewöhnlich für einen Königssohn!

Echtes Kindsein war dem introvertierten Knaben dennoch verwehrt. Sein Tagesablauf war genau eingeteilt, Ausnahmen von den festgesetzten Regeln gab es so gut wie keine. Den vordersten Platz nahm bei der bigotten Mutter natürlich die Religion ein. Es wurde mehrmals am Tag gebetet, der Besuch der Gottesdienste war verpflichtend. Sorglose Kinderspiele waren ebenso verpönt wie heitere Geselligkeit. Isabella erwies sich nicht nur als strenge und unnachgiebige Mutter, sie konnte auch erbarmungslos sein, wenn sie irgendeine Unart ihrer Sprösslinge entdeckte. So scheute sie nicht davor zurück, die Kinder eigenhändig zu züchtigen, und hatte dabei offensichtlich kein schlechtes Gewissen.

Was Isabella dazu brachte, den Sohn und die beiden Töchter in dieser Weise zu erziehen und ihnen die Freuden der Jugend zu nehmen, ist ihr Geheimnis geblieben, denn sie starb schon mit nur 36 Jahren, tief betrauert von ihrem Ehemann. Nach dem Tod seiner Gemahlin fühlte sich der kaiserliche Vater ab und zu bemüßigt, Ratschläge, die Erziehung seines Sohnes betreffend, an Don Juan de Zuniga zu schicken, der die wichtigste Beziehungsperson Philipps darstellte. Da der Knabe sich zu einem leidenschaftlichen Jäger und Fischer entwickelt hatte und beinah ohne Maß und Ziel den Tieren nachstellte, setzte der Vater eine Obergrenze, was den Abschuss und Fang der Tiere betraf. Daneben gab der Kaiser seinem Sohn Ratschläge und Hinweise die sexuelle Aufklärung betreffend, was für die damalige Zeit eher unüblich war, vor allem auf der Iberischen Halbinsel, wo das „spanische Hofzeremoniell", das sich aus dem burgundischen Hofzeremoniell entwickelt hatte, alles Natürliche in verhängnisvoller Weise unterdrückte.

Durch die am Hof einzuhaltenden Vorschriften wurde der Herrscher in beinah jenseitige Sphären erhoben. Gottgewollt schien sein Auftrag zu sein, er sollte das Volk zum wahren Glauben zurückführen, und wie Gott in dieser Welt unfassbar war, so sollte auch der Herrscher nichts mit Irdischem gemein haben.

Philipp lernte dieses Leben schon als Kind kennen, er wurde gleichsam in diese Atmosphäre hineingeboren. Da der Vater fürchtete, der Sohn könnte sich auf Grund seiner Stellung sexuell austoben, riet er ihm dringend zur Mäßigung und zur Beachtung der guten Sitten.

Diese Ratschläge wären vor allem bei Karls Neffen Maximilian angebracht gewesen, dessen ausschweifendes Leben dem eigenen Vater ein Dorn im Auge war, so dass Kaiser Ferdinand sich sogar mit dem Gedanken trug,

Philipp II. als Thronfolger

seinen ältesten Sohn, der nach der Einigung mit Philipp II. berechtigte Aussichten auf die Kaiserkrone hatte, von der Erbfolge auszuschließen.

Philipp hingegen verhielt sich eher zurückhaltend, obwohl er sich zu einem attraktiven jungen Mann entwickelt hatte. Trotz seines wenig einnehmenden Wesens wurde er von den heiratsfähigen Prinzessinnen umschwärmt, seine Stellung als zukünftiger König von Spanien übte einen ganz besonderen Reiz aus.

Wenn auch der Kaiser ab und zu in Spanien weilte, so kam es doch zu keiner engeren Verbindung zwischen Vater und Sohn, ja sie standen einander beinahe wie Fremde gegenüber. Zu ausgeprägt war die Emotionslosigkeit Philipps, als dass er eine tiefergehende menschliche Beziehung aufbauen konnte. Wahrscheinlich erkannte der Kaiser schon bald, wie aussichtslos eine Bewerbung Philipps um die Kaiserkrone des Heiligen Römischen Reiches wäre. Er würde mit seinem verschlossenen Wesen bei den deutschen Kurfürsten nicht die geringsten Chancen haben. Zu arrogant, zu abgehoben erschien Philipp sowohl in Tirol, wohin ihn sein Vater hatte kommen lassen, als auch in den Niederlanden, wo man offiziell erklärt hatte, dass man an einem spanischen Philipp als Regenten kein Interesse hätte. Dazu kam, dass der junge Mann außer Spanisch keine andere Sprache beherrschte, wodurch er stets auf Dolmetscher angewiesen war. Während der endlosen Ansprachen in den Städten, die er besuchte, und die er sich anhören musste, ohne ein Wort zu verstehen, saß er mit gelangweiltem Gesicht da, was alles andere als einen positiven Eindruck hinterließ. Philipp war kein Mann, dem die Sympathien der Bevölkerung entgegenschlugen. Hatte man ihn in Spanien akzeptiert, so lehnte man ihn im Reich und vor allem in den Niederlanden von Grund auf ab. Was man ihm auch auf Schritt und Tritt zeigte.

Da sein kaiserlicher Vater wenig Zeit erübrigen konnte, sich um die Belange in Spanien zu kümmern, ernannte er den sechzehnjährigen Philipp zum Regenten. Dabei vertrat er die Ansicht, dass der Sohn, der in Spanien aufgewachsen war, am besten die Mentalität des Volkes kennen würde. So unrecht hatte der Kaiser nicht. In Spanien fielen die Anordnungen des jungen Mannes auf fruchtbaren Boden, in dem streng katholischen Land wurde er akzeptiert.

Anders war es in den Niederlanden. Hier galt der schwarzgekleidete Spanier als Fremdkörper, der kein Verständnis für die Sitten und Gebräuche des fröhlichen Volkes aufzubringen vermochte, wenn er auch im Geheimen eine gewisse Bewunderung der Freizügigkeit, die er sonst nirgendwo erlebte, nicht verhehlen konnte. Was er ablehnte, zog ihn zugleich an, denn er erkannte, dass er diese Freiheiten niemals selbst erleben würde. Unnahbar wie er sich gab, zeigte er auch nicht, dass er die Gemälde der niederländischen Maler Hieronymus Bosch und der Brueghels bewunderte. Selbst hochmusikalisch, ließ er niederländische Musiker an den spanischen Hof kommen, was ihm sicherlich Sympathien eingebracht hätte, wenn diese auch öffentlich hätten auftreten dürfen. Es war für die Niederlande ein Verhängnis, dass ausgerechnet dieser streng im Katholizismus verwurzelte Mann die Regentschaft über das Land antrat, zusammen mit seinem Statthalter, dem Herzog von Alba. Dabei wäre Philipps Stiefbruder Don Juan d'Austria sicherlich der richtige Mann in den Niederlanden gewesen, hätte man nicht sein vorzeitiges Ende auf geheimnisvolle Weise herbeigeführt. War dieser schöne, erfolgreiche junge Mann für Philipp zu gefährlich geworden? Als er den Halbbruder in die Niederlande schickte, um dort nach dem Rechten zu sehen, konnte Don Juan d'Austria nicht ahnen, dass er eine Reise in den Tod angetreten hatte. Inwieweit Philipp dabei die Hände im Spiel hatte, wird niemals geklärt werden.

Immer stärker begann sich in dieser Zeit in der Familie eine Tragödie abzuzeichnen. Philipp war in erster Ehe, die von seinem Vater arrangiert worden war, mit seiner portugiesischen Cousine Maria als kaum Sechzehnjähriger verheiratet worden. Beide hatten eine gemeinsame geisteskranke kastilische Urgroßmutter, deren verhängnisvolles Erbe von Generation zu Generation weitergegeben wurde. Und so trug auch Philipps Großmutter Juana, die auch Marias Großmutter war, ihren Beinamen „La Loca", die Wahnsinnige, nicht umsonst.

Die Frucht dieser unglücklichen Verbindung lag im Jahre 1545 in der Wiege, ein Knabe mit einem übergroßen Kopf und schmächtigem Körper: Don Carlos. Seine Mutter Maria sollte die Geburt des missgebildeten Kindes nur wenige Tage überleben. Mit nur 15 Jahren verschied sie angeblich nach dem Genuss von Zitronen. Anderen Berichten zufolge hatten die Ärz-

Maria von Portugal

te die Wöchnerin zu Tode kuriert. Einer befürwortete heiße Bäder, der nächste Eiswickel. Daneben ließ man die geschwächte blutleere Frau noch kräftig zur Ader, so dass alles Leben aus ihr wich.

Der Knabe Don Carlos sollte seinen Vater später schwer belasten, vor allem, da er auf alle möglichen Einflüsterer hörte und sich gegen den Vater stellte, der immer wieder versuchte, aus dem gestörten Kind einen normalen Menschen zu machen. Dazu ließ der König den Leibarzt seines Vaters und Oheims Andreas Vesalius kommen, der durch seine Operationsmethoden europaweit großes Ansehen genoss. Aber auch Vesalius vermochte nicht, nachdem er den Schädel geöffnet hatte, die Schäden im Gehirn des Königssohns zu beheben. Als der Jüngling sich noch in geheime Verschwörungen gegen den Vater verstrickte, ließ ihn Philipp kurzerhand festsetzen, obwohl sich Don Juan d'Austria für den Neffen einsetzte. Der Vater blieb unerbittlich, er lehnte auch ein letztes Gespräch mit seinem Sohn ab. Als Gefangener starb Don Carlos angeblich nach dem Genuss von Melonen.

Es war nicht verwunderlich, dass die unglückliche Gestalt des Don Carlos die Phantasie von Dichtern und Musikern beflügelte. Wenn nicht im Leben, so doch in der Literatur und in der Opernwelt wurde dem vom Schicksal gebeutelten jungen Mann ein positives Denkmal gesetzt. Friedrich Schiller und Giuseppe Verdi zeigen ihn als Helden und seinen Vater als unnachsichtigen Tyrannen.

Dieses Bild wurde schon vor Jahrhunderten durch den erbittertsten Feind Philipps, Wilhelm von Oranien, untermauert. Um den spanischen König in ganz Europa in Misskredit zu bringen, ließ der Oranier 1581 eine Flugschrift in französischer Sprache in Umlauf bringen, in der er Philipp schwerwiegender Verbrechen bezichtigte. In dem Pamphlet hieß es.

„Philipp II. hat durch den Kardinal Granvella einen Vergiftungsversuch an seinem Vetter und Schwager, dem späteren Kaiser Maximilian, bewerkstelligen lassen; daß er mißlang, war ein Werk der Vorsehung, aber nicht das Verdienst der Mörder: Philipp hat seine leibliche Nichte, die Erzherzogin Anna von Österreich, geheiratet und zu dieser Inzuchtehe, die dem Schimpf der Verbindung des Geschwisterpaares Jupiter und Juno bedenklich nahekommt, die Dispens des römischen Papstes erhalten. Gottes Stell-

Don Carlos, Ausschnitt aus einem Gemälde von Alonso Sánchez Coello, 1564

vertreter auf Erden hat damit etwas erlaubt, was Gott im Himmel nie und nimmer würde gutgeheißen haben. Philipp hat, um diese blutschänderische Ehe schließen zu können, seine legitime Gattin Isabella von Valois, die Mutter seiner zwei Töchter und Erbinnen, durch Mord beseitigt. Philipp ist auch seine erste Ehe mit Maria von Portugal in vollem Bewußtsein einer Doppelehe und damit eines Vergehens der Polygamie eingegangen, denn er war zur selben Zeit bereits in heimlicher, aber gesetzmäßiger Ehe mit Isabel Osorio verbunden, von der er mehrere Kinder besaß.

Philipp hat seinen Sohn und Erben Don Carlos durch Mörderhand aus der Welt schaffen lassen, weil er nicht wollte, daß der ihm verhaßte Sprößling aus der gesetzwidrigen Doppelehe den Thron seiner Väter besteige. Philipp hat neben seiner legitimen Gattin Isabella von Valois auch noch

Maria I., die zweite Ehefrau Philipps II.

einen wilden Ehebund mit einer gewissen Dona Eufrasia unterhalten. Als sie von ihm guter Hoffnung wurde, hat er den Fürsten von Asoli gezwungen, sie zu heiraten und das Kind als seinen Erben anzuerkennen. So wie der Zweck erreicht und Kebsin und Bastard versorgt waren, hat er den Fürsten durch Gift beseitigen lassen."

Diese öffentlichen Anschuldigungen ließ der Oranier in halb Europa verbreiten, wobei natürlich die inzestösen Ehen der Wahrheit entsprachen, genauso der Hinweis auf zahlreiche außereheliche Affären. Und da der Mensch geneigt ist, in allen haltlosen Verleumdungen mindestens ein Körnchen Wahrheit zu finden, schadeten die Aussagen Wilhelms von Oranien dem Ansehen des Königs sehr.

Philipp war noch keine 20 Jahre alt, als er zum zweiten Mal zum Traualtar schritt. Es war eine rein politische Heirat, die arrangiert wurde, um die Katholiken in England zu stärken und die eisigen Beziehungen zwischen den beiden Ländern England und Spanien aufzutauen. Die auserwählte Braut hatte ihre Jugend lange hinter sich. Maria die Katholische galt auf Grund ihres fortgeschrittenen Alters und ihres wenig ansprechenden Äußeren als schwer vermittelbar. Aber Philipp war der Ausgleich mit England politisch wichtig, er fühlte sich dazu berufen, das Land wieder zur Gänze zum katholischen Glauben zurückzuführen. Als Gemahl der regierenden Königin würde er seinen ganzen Einfluss geltend machen, um dieses Ziel zu erreichen.

Ob diese Heirat tatsächlich sinnvoll war, lässt sich nicht sagen, denn von seiner ältlichen Ehefrau, die sich Hals über Kopf in den attraktiven Prinzen verliebt hatte, waren kaum Nachkommen zu erwarten. So sehnlichst Maria auch darauf hoffte, dass ein Wunder geschehen würde und sie endlich in gesegneten Umständen war. Als sich ihr Leib tatsächlich wölbte, dankte ihr Gefolge dem Himmel, denn jetzt würde sie ihren Ehemann durch einen Nachkommen an sich binden. Philipp verhielt sich seiner Gemahlin gegenüber stets als Kavalier. Als sich allerdings herausstellte, dass Marias Bauch nur einer Scheinschwangerschaft geschuldet war, hielt er sich kaum noch in England auf. Die letzten Lebensjahre Marias verliefen äußerst unglücklich. Nicht nur blieb ihr der ersehnte katholische Thronfolger verwehrt, auch mit ihrer Gesundheit ging es stetig bergab. Im Herbst 1558 starb sie wohl an einem Tumor.

Auch Philipps zweite Ehe hatte sich als glücklos erwiesen. Für den zweifachen königlichen Witwer war es nicht leicht, wieder eine Braut zu finden. Vor allem jung sollte die Prinzessin sein, die er zum Traualtar führen wollte. Obwohl natürlich verschiedene österreichische Cousinen im Gespräch waren, entschied sich Philipp zu einem überraschenden Schritt: Er warb um die Hand der jungen Isabel von Valois, um die älteste Tochter seines jahrelangen Erzfeindes Heinrichs II. von Frankreich und dessen Gemahlin Katharina de Medici, wobei die Mutter in Europa keinen besonders guten Leumund hatte. Katharina de Medici galt in der Hocharistokratie als nicht standesgemäß, denn das Geld der Medici wog das blaue Blut, das teils schon zäh durch die Adern floss, nicht auf.

Andreas Vesalius, einer der berühmtesten Chirurgen seiner Zeit

Auch diese Vermählung stand unter keinem guten Stern, denn anlässlich der Hochzeitsfeierlichkeiten per procurationem wurde am französischen Hof ein großartiges Turnier abgehalten, an dem König Heinrich II. selbst als Kämpfer auftrat. Sein spanischer Schwiegersohn war nicht anwesend, was den Gepflogenheiten der Zeit entsprach. Daher übernahm Heinrich II. dessen Rolle als Gastgeber und Veranstalter des Festes. Mitten im ritterlichen Kampf passierte das Unglück: Ein Ritter traf den König mit seiner Lanze so unglücklich am Visier, dass der Kopfschutz nachgab und die Lanze genau das Auge durchbohrte.

Drei Tage versuchte der berühmte Anatom Andreas Vesalius, den König zu retten, aber alle Bemühungen waren umsonst. Vesalius ließ sich mehrere zum Tode Verurteilte geben, denen er mit Lanzen eben diese Verletzungen zufügte, um studieren zu können, wie man die Verwundung in den Griff bekommen könnte. Aber schon bald musste er erkennen, dass dem König nicht zu helfen war. Er war unrettbar verloren.

Tieftraurig begab sich Isabel mit ihrem Gefolge bis zur spanischen Grenze, wo sie nicht nur ihr französisches Gefolge gegen ein spanisches austauschen musste, sondern auch ihren Gemahl das erste Mal sah. Über dieses Kennenlernen wurde viel berichtet. Ob es so verlief, wie Isabel es sich vorgestellt hatte? Dass ihre Miene tatsächlich zu erkennen gab, dass sie Philipp für zu alt hielt und sie aus demselben Grund bei ihm nach grauen Haaren suchte, fällt wohl ins Reich der Märchen. Denn diese Ehe wurde tatsächlich glücklich, Philipp erwies sich in jeder Hinsicht als rücksichtsvoller Gemahl, der seiner schönen jungen Frau jeden Wunsch von den Augen ablas. Solange Isabel lebte, fanden in den Mauern des spanischen Hofes glanzvolle Feste statt, an denen nicht nur Don Juan d'Austria und Don Carlos, sondern auch die österreichischen Vettern Rudolf und Ernst, die zur Erziehung am spanischen Hof weilten, teilnahmen. Isabel versammelte um sich einen fröhlichen Kreis von jungen Leuten, unter die sich auch Philipp ab und zu mischte.

Was die Dichter und Musiker aus dieser Ehe machten, ist nur schwer nachzuvollziehen, wenn sie Philipp später klagen lassen: „Sie hat mich nie geliebt!" Allein die Briefe, die der spanische König an seine Töchter schrieb, gaben Aufschluss über sein enges Verhältnis zu seiner Familie.

Aber auch diese Ehe war nur von kurzer Dauer, denn die junge Königin hatte auf Grund ihrer zarten Konstitution größte Schwierigkeiten bei den Geburten. Nach zwei Töchtern war sie wieder in anderen Umständen, was bei ihr geradezu Entsetzen verursacht haben mag. Denn sie konnte sich ausrechnen, dass sie diese Entbindung nicht überleben würde. Und so war es auch. Mit nur 23 Jahren wurde sie im Escorial beigesetzt.

Nun wandten sich die spanischen Hochzeitsplaner, aber vor allem der König selbst an die österreichische Verwandtschaft, in der sich eine Reihe gesunder Mädchen finden ließ. Zwar war das Verhältnis zwischen Philipp und seinem Cousin Maximilian, der die Kaiserkrone trug, durchaus unterkühlt, denn der lebensfrohe Maximilian, der mit Maria, einer Schwester Philipps, verheiratet war, konnte mit dem spanischen Hofzeremoniell, das

Isabel von Valois war nur ein sehr kurzes Leben beschieden.

am Hof in Madrid tonangebend war, überhaupt nichts anfangen. Zudem war Maximilian nach seiner Brautfahrt nach Spanien gezwungen worden, den Cousin für ein ganzes Jahr lang zu vertreten, da Philipp in den Niederlanden nach dem Rechten sehen musste. An diese Zeit am spanischen Hof mochte Maximilian nicht zurückdenken, denn alles, was er hier kennenlernte, stieß ihn im Grunde seines Wesens ab.

Obwohl Maximilian diese Ressentiments dem Cousin gegenüber hatte, plante man die Hochzeit innerhalb der Familie. Die Braut wurde wahrscheinlich nicht gefragt, ob sie den spanischen Onkel ehelichen wollte; die Töchter hatten sich widerspruchslos zu fügen.

Dass der Bräutigam ein dreifacher Witwer war, erschreckte die junge Braut wahrscheinlich ebenso wie der große Altersunterschied. Immerhin hatte Philipp die Vierzig schon überschritten, als er zum letzten Mal am Altar das Ja-Wort gab.

In dieser vierten Ehe stellte sich endlich der ersehnte Thronfolger ein, ein Knabe, der allerdings auf Grund der nahen Verwandtschaft auch schon Anzeichen der Degeneration erkennen ließ. Aber derlei Dinge wurden entweder nicht beachtet oder verdrängt.

Philipp II. war an und für sich ein vielseitig interessierter Mensch, der als Herrscher über ein halbes Weltreich durch die politischen Gegebenheiten der Zeit gezwungen war, Kriege zu führen, wobei er selbst nie an einer Schlacht teilgenommen hatte. Hatten sich die Spanier in der Schlacht bei Lepanto zusammen mit ihren Verbündeten glänzend geschlagen, so misslangen alle Aktionen gegen England vollständig. Philipp war vor allem durch sein verfehltes Engagement in den Niederlanden auf die absurde Idee gekommen, England nicht nur von seiner Königin Elizabeth zu befreien, indem verschiedene Mordkomplotte geschmiedet worden waren, sondern auch die Insel durch eine Invasion in Besitz zu nehmen. Dem beinah bigotten spanischen König war die anglikanische englische Herrscherin ein Stachel im Fleisch. Zusammen mit einer Flotte aus den Niederlanden sollte die große spanische Armada dieses Ziel verwirklichen.

Die Spannungen zwischen beiden Ländern erreichten in den 80er-Jahren des 16. Jahrhundert ihren Höhepunkt, beide waren gut gerüstet, wobei Philipp II. mit dem Herzog von Medina-Sidonia einen militärisch völlig unerfahrenen Mann zum Oberbefehlshaber der Armada bestimmte. Dies geschah absolut gegen den Willen des Herzogs, der den König inständig bat, ihn von dieser Aufgabe zu entbinden, da er weder seetauglich noch den Anforderungen eines Kommandeurs gewachsen war. Schon beim Anblick eines Schiffes überfiel ihn heftige Übelkeit. Aber trotz mehrmaligen Bittens um Befreiung von dieser Aufgabe ließ sich der König nicht erweichen. So nahm das Schicksal der Armada, die zunächst über 150 Kriegsschiffe und 360 Transportschiffe verfügte, seinen Lauf.

Den Engländern war zu dieser Zeit bewusst, in welcher Gefahr das Land schwebte. Ihr Meisterspion namens Francis Walsingham hatte sie bestens

Die spanische Armada vor der englischen Küste, Gemälde von Cornelis Claesz van Wieringen

über die spanischen Pläne unterrichtet, so dass sie ihrerseits ihre Flotte verstärken konnten. Schon bald sollte sich herausstellen, dass die englischen Schiffe den spanischen in Konstruktion und Ausrüstung überlegen waren. Nicht nur erwiesen sich diese als wendiger, ihre bronzenen Kanonen verfügten über wesentlich mehr Reichweite als die eisernen der Spanier.

Im Frühjahr 1588 spitzte sich die Lage zu, wobei König Philipp anscheinend kein gutes Gefühl bei diesem Einsatz seiner Flotte hatte, wenn er die kryptischen Worte aussprach: „So segeln wir nach England in festem Vertrauen auf ein Wunder!" Er sollte vergeblich hoffen! Der Kampf im Ärmelkanal kostete die Spanier 2000 Tote, die meisten Schiffe wurden zerstört oder manövrierunfähig gemacht, die Strategie der Spanier, sich mit der niederländischen Flotte zu vereinen, war absolut falsch gewesen. Dazu kamen Unwetter nicht nur im Ärmelkanal, so dass sich König Philipp entnervt äußerte: „Ich habe meine Flotte nicht gegen Sturm und Wellen ausgesandt, sondern gegen Menschen."

Der König erkannte wahrscheinlich trotz der Niederlage nicht, dass der Herzog von Medina-Sidonia tatsächlich völlig fehl am Platz gewesen war.

Philipp II. zeigte sich dem Herzog gegenüber als großmütiger Verlierer, er lastete ihm nicht die Schuld an der katastrophalen Niederlage an, sondern erwies ihm nach wie vor die Gnade, als sein privater Berater tätig sein zu können. Freilich auf anderem Gebiet.

Die spanische Flotte erhielt endgültig den Todesstoß, als im Jahre 1607 englische Schiffe ohne Vorwarnung in den Hafen von Gibraltar einfielen. Obwohl Philipp wahrscheinlich Kriege verabscheute, musste er doch darangehen, eine neue Flotte aufzubauen, da die Schiffe, die über den Atlantik fuhren, oftmals nicht in der Lage waren, die Gold- und Silberschätze aus der neuen Welt übers Meer zu transportieren. Circa 10 Millionen Golddukaten kosteten die Sanierung und Neugestaltung der Flotte.

Philipp II. war im Grunde seines Wesens kein kriegerischer Mensch, der aber teils gezwungen war, verschiedene Auseinandersetzungen mit Waffengewalt auf sich zu nehmen, wollte er nicht Teile des Reiches oder auch nur die Reputation verlieren. Als strenggläubiger Katholik hatte er ohnedies größte Mühe, die religiösen Unruhen niederzuschlagen, denn auch im „Mutterland" Spanien kam es zu Aufständen der Morisken, jenem Teil der Araber, die nach der Einnahme von Granada 1492 die Umerziehung überstanden hatten und nach gut einem Jahrhundert versuchten, eine Enklave in Südspanien zu bilden. Zudem war es ihm und seinem Stiefbruder Don Juan d'Austria nicht möglich, die von seinem Vater Kaiser Karl V. eroberten Stützpunkte gegen die Mohammedaner in Nordafrika zu halten.

Überall im weiten Reich gärte es, lediglich in Kastilien herrschten Ruhe und Ordnung, hier konnte Philipp seinen Neigungen nachgehen, ohne gewärtig sein zu müssen, irgendeinem Angriff ausgesetzt zu sein. Denn Herrscher in dieser Zeit, vielleicht in allen Epochen, liefen ständig Gefahr, erdolcht oder vergiftet zu werden. Auch Philipp war seines Lebens nie sicher, genauso wie seine englische Rivalin Elisabeth, die immer einen Dolch bei sich trug, mit dem sie in die schweren Samtportieren stach, wenn sie einen Raum betrat.

Als einzig legitimer Sohn war Philipp gezwungen gewesen, die Nachfolge seines Vaters zumindest in den zu Spanien gehörenden Gebieten anzutreten. Immer noch ging die Sonne nicht unter in seinem Machtbereich, zu dem neben Spanien die Niederlande, das Königreich Neapel, Sizilien,

Sardinien, das Herzogtum Mailand und die reichen überseeischen Kolonien gehörten – sowie in Personalunion Portugal. Wahrscheinlich wäre er glücklicher gewesen, wäre nicht diese Machtfülle schon in jungen Jahren über ihn hereingebrochen. Für ihn bestand das Leben aus absoluter Pflichterfüllung, die Gott von ihm als König forderte. Um dieser Aufgabe gerecht zu werden, umgab er sich mit einem undurchdringlichen ehernen Mantel, der ihn abgehoben von allem Irdischen erscheinen ließ. Nur im Kreise seiner engsten Familie gebärdete er sich als Mensch, wie die innige Beziehung zu seinen beiden Töchtern Isabella Klara und Katharina Michaela, die ihm seine dritte Gemahlin Elisabeth von Valois geschenkt hatte, zeigte. Die beiden Mädchen waren nach dem frühen Tod der Mutter Halbwaisen, um die sich der Vater, wenn es ihm möglich war, liebevoll kümmerte. Die zahlreichen Briefe, die er an die Töchter schrieb, geben ein beredtes Zeugnis von seinem Familiensinn. Sobald es seine Regierungsgeschäfte zuließen, erkundigte er sich nach dem Wohl seiner beiden kleinen Kinder. So schrieb er folgende Zeilen:

„Ich höre, dass es Euch allen gut geht, das sind herrliche Nachrichten für mich! Wenn Eurer kleinen Schwester die Milchzähne kommen, so scheint mir das etwas verfrüht: das soll wohl der Ersatz für die zwei Zähne sein, die ich im Begriff bin zu verlieren – wenn ich drüben ankomme, werde ich sie kaum mehr haben! […] Neulich brachte man mir, was in der mitfolgenden Kiste verpackt ist, angeblich eine süße Limette. Ich meine freilich, daß es ganz einfach eine Limone ist, aber ich wollte sie Euch doch schicken. Wenn es aber wirklich eine süße Limette sein sollte, so habe ich noch nie eine so große gesehen. Ich weiß nicht, ob sie drüben in gutem Zustand ankommen wird; wenn Ihr sie aber bekommt und sie noch frisch ist, müßt Ihr sie kosten und mich dann wissen lassen, wie sie schmeckt; denn ich kann nun einmal nicht glauben, daß eine süße Limette es zu solcher Größe bringt. Darum wäre ich glücklich, wenn Ihr mir Nachricht geben würdet. […] Wenn die Handschuhe zu groß sind, wie Ihr sagt, werden sie Euch, meine ältere Tochter, besser passen und wohl nicht zu groß sein; für Eure Kusine wären sie, denke ich, zu groß. Ihr aber, meine jüngere Tochter, sollt mir schreiben, welche von Euch die größere ist, Ihr oder die Kusine. Dieser aber müßt

Die beiden Töchter Philipps II., Isabella Klara und Katharina Michaela

Ihr beide meine Empfehlung ausrichten, in der Euch passend erscheinenden Form. Ich bin sicher, daß ich mich hierin auf Euch verlassen kann. [...]

Von Euch beiden kommen mir von allen Seiten sehr gute Nachrichten zu, und man berichtet mir, daß Ihr sehr groß geworden seid; demnach müßt Ihr tüchtig gewachsen sein, wenigstens Ihr, die Jüngere. Wenn Ihr die Maße habt, laßt mich wissen, um wieviel Ihr größer seid, seit wir uns nicht mehr sahen, und schickt mir Bänder aus Seide oder Zwirn mit Euren genauen Maßen [...] ich werde mich freuen, die Maße zu haben, wenngleich es mich viel mehr freuen würde, Euch alle in Person zu sehen. Ich hoffe zu Gott, daß es bald sein kann. Bittet Gott darum, Ihr beiden! Und bittet ihn auch, alles so zu schlichten, daß es bald geschehen kann. Er möge Euch behüten, wie es mein Wunsch ist!“

Philipp war gezwungen, monatelang in Lissabon zu sein, denn er hatte nach dem Tod seines Neffen Dom Sebastião, der mit Juana, einer Schwester Philipps verheiratet gewesen war, die Krone des Nachbarlandes geerbt. Dom Sebastião hatte sich in Nordafrika in dubiose Machenschaften und persönliche Händel eingelassen, die die dort ansässigen Beduinen gegen ihn aufgebracht hatten. In der unausweichlichen Schlacht verlor der portugiesische König Leib und Leben.

Philipp II. war der erste Herrscher, der beide Länder, Spanien und Portugal, in Personalunion vereinigte, der Traum seiner Urgroßmutter Isabella von Kastilien war nach beinahe 100 Jahren wahr geworden!

Je älter Philipp II. wurde, umso mehr umgab er sich mit großteils fähigen, manchmal aber auch korrupten Ratgebern. Anfangs als Sekretäre verpflichtet, übernahmen sie häufig Aufgaben, die eigentlich Sache des Königs gewesen wären. Eine schillernde Gestalt im Reigen der Berater war sicherlich Antonio Perez, der zum Staatssekretär aufgestiegen war und seine Machtposition eindeutig ausnützte. Der König hatte ihm blind vertraut, auch als er erfuhr, dass Perez in die Ermordung de Escobedos, des Sekretärs und Freundes seines Halbbruders Don Juan d'Austria, verwickelt war. Schließlich überspannte Perez den Bogen, so dass er nicht nur abgesetzt wurde, sondern auch im Gefängnis landete. Da ihm ein Prozess der Inquisition drohte, setzte er alle Hebel in Bewegung, um aus der Haft zu entkommen. Was ihm schließlich auch gelang. Sein weiteres Leben glich einer Odyssee, Frieden konnte er keinen finden.

Vielleicht waren es auch die Ratgeber des Königs, die ihn in seinen Plänen unterstützten, Spanien zu einem Land zu machen, in dem Kunst und Kultur zur Blüte gelangen sollten. Philipp II. war ein begnadeter Sammler, der nicht nur kostbare Gemälde nach Madrid bringen ließ, sondern allen Gegenständen, die er als Raritäten betrachtete, einen geeigneten Ort zuweisen ließ. So entstand die umfangreichste Bibliothek seiner Zeit mit Tausenden von wertvollen Bänden, die im neu errichteten, monumentalen Escorial, der zugleich Palast und Kloster sein sollte, ihren Platz fanden.

Großartig waren die Schlösser und Paläste, die der König in ganz Spanien errichten ließ, wobei er selbst allerdings keine längerfristige Bleibe hatte. So wie sein Vater und auch sein Großvater bereiste er wochenlang die Gebiete, über die er regierte, was natürlich seiner Gesundheit abträglich war. Von seinen Vorfahren hatte er zwar eine schlanke Gestalt geerbt, weshalb er sich beim Essen keinen Zwang antun musste. Gleichzeitig wurde er auf Grund der unvernünftigen Ernährung von schmerzhaften Leiden befallen und litt, so wie sein Vater, an Gicht und offenen Beinen; ein lästiges Augenleiden verschlechterte sich außerdem in seinen letzten Lebensjahren. Dazu kamen Geschwüre am ganzen Körper, die die Ärzte mit ihren damaligen medizinischen Methoden wahrscheinlich noch verschlechterten. Man setzte ihm Schröpfköpfe an, versuchte es mit dem, wie man glaubte, bewährten Aderlass und erreichte damit nur, dass Philipp über lange Zeit ein kranker Mann war.

Einzig und allein sein fester Glaube an Gott hielt ihn in seiner letzten Lebenszeit aufrecht. Er hatte sein ganzes Leben unter die Herrschaft Gottes gestellt, hatte dabei aber niemals gefragt, ob dies alles, was er gegen die Andersgläubigen, vor allem gegen die Morisken anordnete, wirklich dem Allerhöchsten gefallen konnte. Denn nach wie vor brannten die Scheiterhaufen der Inquisition im ganzen Land, dem Sadismus der Denunzianten waren Tür und Tor geöffnet. Die Autodafés, bei denen die Ketzer verbrannt wurden, gerieten zunehmend mehr zum Volksspektakel, die Schaulustigen delektierten sich am Leid der Delinquenten, Mitleid oder Mitgefühl kannte man kaum. Alles ereignete sich unter dem Deckmantel der Religion, wobei keiner fragte, ob die Verbrennung von Männern, Frauen und selbst Kindern wirklich gottgefällig sein konnte. Ja, man kam sogar auf den absurden Gedanken, dass man den Hingerichteten einen Gefallen erweisen würde, denn durch das Feuer gereinigt würden sie direkt ins Paradies eingehen.

Der strenge Glaube an die heilige Kirche und der Gedanke des Auserwähltseins ließen in Philipp nicht den geringsten Zweifel aufkommen, dass sein Vorgehen gegen Andersgläubige nicht gerechtfertigt wäre. Er sah alles durch die Brille des Katholizismus, seine engsten Berater waren Geistliche, die ihn in seinen Vorstellungen unterstützten. Um ein sichtbares Zeichen seiner Gottverbundenheit zu setzen, ließ er von seinen Mönchen den imposanten Escorial erbauen, wo sich die letzte Ruhestätte für all seine Familienmitglieder befinden sollte. Noch als dieser sich im Bau befand,

Ein Autodafé in Madrid, 17. Jahrhundert

ließ er die Verstorbenen seiner Familie exhumieren und in aufwändigen Prozessionen in die Nähe von Madrid bringen, wo sie feierlich beigesetzt werden sollten. Überall, wo die Leichenzüge durchkamen, wurden in den Kirchen Messen gelesen, die Särge wurden öffentlich präsentiert. So konnte man noch einmal von den Toten Abschied nehmen. Philipps Gedanke war, dass im Tode die Familienmitglieder gemeinsam auf die Auferstehung am Jüngsten Tag warten sollten. Der Escorial erschien ihm der geeignete Ort zu sein, denn hier war das spanische Klima erträglich, im Sommer wehte ein kühler Wind aus den Bergen im Süden und im Winter wurde das Bauwerk gegen die Stürme aus dem Norden abgeschirmt.

Rund um den Escorial wurden auf Veranlassung des Königs prächtige Gärten angelegt, die neben Blumenschmuck auch Nahrungsmittel für die

Bewohner der umliegenden Dörfer lieferten. Denn: Was man sich kaum vorstellen kann, der unzugängliche König war ein wirklicher Blumenfreund. In keinem Raum durften vor allem Nelken, die er besonders liebte, fehlen.

Die vielerlei körperlichen Gebrechen hatten aus Philipp vorzeitig einen alten Mann gemacht. Ab dem Jahre 1595 litt er beinah pausenlos an heftigen Schmerzen, gegen die es in der damaligen Zeit keine wirkungsvollen Heilmittel gab. Wenn auch sein Körper von Jahr zu Jahr hinfälliger wurde, blieb sein Geist wach und sein Gedächtnis exzellent. Der König konnte es natürlich nicht verhindern, dass er von den ihn umgebenden Ärzten als Versuchsobjekt betrachtet wurde. Dabei erkannten die Mediziner anscheinend nicht, dass das chronische Fieber, an dem Philipp schon über längere Zeit litt, mit ihren Mitteln nicht einzudämmen war. Der kaiserliche Gesandte Johann Khevenhüller berichtete: „Der König khrecht ohn Unterlaß", was auf beträchtliche Verdauungsprobleme hinweist. Da ein leichter Schlaganfall ihm die rechte Hand blockierte, war Philipp nicht mehr in der Lage, Unterschriften zu leisten. Sein Sohn und Nachfolger aus seiner vierten Ehe, Prinz Philipp, erledigte dies mit seinen 18 Jahren im Auftrag des Vaters.

Schicksalhaft entwickelte sich das Jahr 1598 mit dem Friedensvertrag von Vervins, die Niederlande betreffend. Die Hälfte der Niederlande hatte Philipp II. durch seine restriktive Politik verloren, lediglich die südlichen Teile, die für Spanien gerettet werden konnten, übertrug er seiner Tochter Isabella Clara Eugenia, die Erzherzog Albrecht von Österreich geheiratet hatte. Eine seltsame Hochzeit, denn der Bräutigam war ursprünglich für den geistlichen Stand bestimmt und hatte schon die vorgeschriebenen Weihen empfangen.

Philipp II. hatte den Escorial gleichsam als Refugium erbauen lassen, wohin er sich zurückziehen wollte, als er den Tod kommen sah. Von Madrid aus war es höchstens eine Tagereise, die er aber nicht mehr in der Kutsche und noch viel weniger mit dem Pferd zurücklegen konnte. Sein körperlicher Zustand war schon so erbärmlich, dass man eine Spezialsänfte anfertigen musste, um den König möglichst schonend zu transportieren. Der traurige Zug vom Alcázar in Madrid bis zum Escorial dauerte sechs Tage. Obwohl Philipp II. völlig erschöpft ankam, ließ er sich durch das ganze Gebäude tragen, gleichsam um von den Kunstgegenständen, die die

Der Escorial in einem Gemälde aus dem frühen 18. Jahrhundert

Räume schmückten, Abschied zu nehmen, wobei er sich bei den goldverzierten Reliquien besonders lang aufhielt.

Kaum hatte er diesen „letzten Gang“ beendet, als ihn ein heftiger Schüttelfrost befiel, der sein Ende ankündigte. Es waren grausame Tage und Nächte, die ihm noch beschieden waren, wobei sein Körper sich langsam auflöste. Vier Ärzte kümmerten sich erfolglos Tag und Nacht um den Sterbenden, dem die leiseste Berührung unvorstellbare Qualen verursachte. Der Patient konnte kaum mehr bewegt werden, so dass er in seinen eigenen Fäkalien zu liegen kam. Für den König, der ein Leben lang auf Hygiene größten Wert gelegt und dies auch von den Untertanen verlangt hatte, eine zusätzliche psychische Pein.

Als er sein Ende nahen fühlte, ließ sich König Philipp II. in die Privatkapelle tragen, um im Anblick des Allerheiligsten ins Jenseits einzugehen.

Kaiser Maximilian II. und Maria von Spanien waren trotz aller Differenzen ein ideales Paar

Der habsburgische Kronprinz Maximilian hatte alles andere als einen guten Ruf. Dies erfüllte nicht nur den kaiserlichen Vater Ferdinand I. mit großer Sorge, auch in der gesamten habsburgischen Familie zerbrach man sich den Kopf darüber, wie man den zügellosen jungen Mann auf den rechten Weg führen könnte. Nachdem auch die mahnenden Worte des besorgten Vaters bei Maximilian auf taube Ohren stießen, schaltete sich Maria, die Tante Maximilians, ein und stellte bei einem Treffen in Augsburg ihren Plan vor, nach dem Maximilian seine spanische Cousine Maria ehelichen sollte. Maria, die verwitwete Königin von Ungarn und Böhmen, hatte in der habsburgischen Familie als Statthalterin der Niederlande Sitz und Stimme, wobei ihre Brüder, die beiden Kaiser Karl und Ferdinand, gerne ihre Ansicht bei verschiedenen Problemen hörten. Maria kannte natürlich das Schreiben ihres Bruders an seinen Sohn, in dem es heißt:

„Glaube mir, wenn Du so weitermachst, wie Du angefangen hast, so sind Deine Seele, Deine Ehre und Dein guter Ruf für immer verloren und Du wirst dabei auch nicht alt werden. In der Besorgnis, Du mögest Dich nach meinem Tode zu einem zügellosen Lüstling auswachsen, ermahne ich Dich darum dringend, Dir in der Unzucht etwas mehr Mäßigkeit aufzuerlegen. Wenn Du sie aber trotzdem nicht entbehren kannst (was ja freilich ein Zeichen von Schlechtigkeit ist und wovor ich Dich gerne bewahren möchte),

Kaiser Maximilian II. als junger Mann

so gehe doch wenigstens behutsam zu Werke, errege kein öffentliches Ärgernis, lass die verheirateten Frauen in Ruhe und wende nie wieder Drohung oder gar Vergewaltigung an."

Nicht nur das unmoralische Treiben des Kaisersohnes war ein echter Grund zur Sorge, auch die dubiose religiöse Einstellung Maximilians bereitete dem Vater schlaflose Nächte. Bei den katholischen Kirchenfesten und den unzähligen Andachten ließ Maximilian deutlich erkennen, wie ablehnend er dem katholischen Glauben gegenüberstand, oder er glänzte überhaupt durch Abwesenheit, so dass man innerhalb der Familie mit

Recht annehmen konnte, dass er im Verborgenen mit der neuen Lehre Martin Luthers sympathisierte. Nach langen Beratungen im engsten Familienkreis kam man zu dem Schluss, dass nur die Verbindung mit einer streng katholischen Frau Maximilian auf den rechten Weg führen konnte.

Diese Vereinbarung, die in Augsburg über seinen Kopf hinweg getroffen wurde, fand keineswegs die Zustimmung Maximilians. Ohne ihn zu befragen, wurde er vor vollendete Tatsachen gestellt, seine spanische Cousine Maria heiraten zu müssen. Er kannte weder sie noch ihre Schwester Juana, von beiden hatte er nur erfahren, dass sie streng katholisch, ja beinahe bigott von ihrer Mutter Isabella von Portugal erzogen worden waren. So sehr er sich auch sträubte: Am 24. April 1548 wurde im Handelshaus der Fugger in Augsburg der Heiratsvertrag geschlossen, wobei die Fugger kräftig in die Geldtruhen griffen, um die finanziellen Belange der Hochzeit sicherzustellen. Für die spanische Hofhaltung wurden 60.000 rheinische Gulden vorgesehen, wobei der Bräutigam der Braut 40.000 Gulden an Naturalien zur Verfügung stellen musste, zu denen Kaiser Karl V. der „filia sua carissima", seiner liebsten Tochter, 200.000 als doppelte Mitgift dem Brautpaar zusicherte und obendrein noch 100.000 burgundische Krontaler als Erbteil der Mutter, die 1539 gestorben war. Dafür verzichtete die Braut auf ihre Thronrechte in Spanien.

Anstatt sich über die reichlichen Gelder zu freuen, bekrittelte der Bräutigam die Vereinbarungen, außerdem stellte er die Forderung auf, die ihm zugedachte Braut vor der Hochzeit kennenzulernen, was natürlich bei den damaligen Reisebedingungen ausgeschlossen war. Die einzige Möglichkeit, eine Vorstellung vom Aussehen des zukünftigen Lebenspartners zu erhalten, waren Medaillons mit dem von den Künstlern geschönten Konterfei.

Nachdem alle Proteste von Seiten Maximilians nichts nützten, begab sich der junge Mann widerwillig auf die Reise nach Spanien, nicht ohne vorher noch einen Eklat auszulösen. Denn er und seine Kumpane überfielen und vergewaltigten bei Mittenwald eine Gruppe junger Mädchen, denen sie einen Bettel als Entschädigung hinterließen

Nach Wochen erreichte die Hochzeitsgesellschaft Genua, wo eine Flotte bereitstand, um den Bräutigam und sein Gefolge übers Meer nach Barcelona zu bringen. Während der Überfahrt erkrankte Maximilian am sogenannten Wechselfieber schwer. Wie ein Bild des Jammers verließ er das Schiff, um in Barcelona seine Braut kennenzulernen. Ohne Rücksicht auf den Gesundheitszustand des Bräutigams wurde die Hochzeit anberaumt, wobei es nötig wurde, dass die Braut während der lang andauernden Trauungszeremonie den vom Fieber geschüttelten und völlig geschwächten Bräutigam stützte. Auch die Hochzeitsnacht fiel dementsprechend aus, Lauscher an der Tür berichteten, dass Maximilian nur einmal bei seiner jungen Frau lag.

Es dauerte lange, bis sich der junge Ehemann erholte, wahrscheinlich blieb seine Gesundheit ein Leben lang von dieser Infektion beeinträchtigt.

Was niemand erwartet hatte, trat ein: Die beiden charakterlich völlig ungleichen Menschen wurden ein ideales Paar, wenngleich sie nach wie vor verschiedene religiöse Ansichten hatten. Aber dieses Thema führte wahrscheinlich nur selten zu einem Streitgespräch, Maria war es nicht gewohnt, lange Diskurse zu führen. Durch die strenge Erziehung, die sie durch ihre Mutter genossen hatte, war sie zu einem entschlossenen Menschen herangereift. Sie tat das, was sie für richtig hielt. Und das betraf vor allem ihre katholische Einstellung. Zwar hatte sie anfänglich versucht, ihren Ehemann in die Arme der katholischen Kirche zurückzuführen, aber im Laufe der Zeit akzeptierte sie, dass er nicht sein wahres Gesicht zeigte. Er wurde zu einem Meister der Dissimulatio.

Zwei lange Jahre war das junge Ehepaar gezwungen, in Spanien zu bleiben, da König Philipp in den Niederlanden versuchte, Ruhe und Ordnung mit ungeeigneten Mitteln wiederherzustellen. Maximilian wurde von seinem Cousin als Regent während dieser Zeit eingesetzt. Als sich schließlich die Möglichkeit ergab, nach Hause ins heimatliche Wien zurückzukehren, fühlte sich Maximilian endlich als freier Mann. Maria, seine Gemahlin, übernahm für ihn die Regentschaft. Sie hatte längst bemerkt, dass Maximilian alles am spanischen Hof unsympathisch war, das steife Hofzeremoniell, das alles Leben erstickte, die Abgehobenheit des Herrschers vom Volk, das unnatürliche Gebaren der Höflinge, woran seine Gemahlin natürlich von Kindesbeinen an gewöhnt war. Auch wenn Maria so manches gute Wort für Philipp II., ihren Bruder, einlegte, Maximilian war der bigotte König in der Seele zuwider.

Maximilian II. mit seiner Familie

Allerdings konnte Maximilian nicht sofort mit seiner kleinen Familie ins heimatliche Österreich zurückkehren, die Unruhen in den Niederlanden dauerten an und Philipp versuchte aufs Neue, den Frieden herzustellen. Er setzte seine Schwester Maria als Regentin ein, da sich Maximilian geweigert hatte, noch ein Jahr in Spanien zu bleiben.

Kaiser Maximilian liebäugelte ein Leben lang mit dem Protestantismus.

Maria war eine starke Frau, die im Laufe der Jahre 15 Kinder zur Welt brachte, wobei es beinahe unvorstellbar war, dass sie alle Geburten unbeschadet überstand, vor allem, wenn man bedenkt, dass sie ihren Gemahl nach seiner Wahl zum Kaiser auf seinen beschwerlichen Reisen durch die Habsburger Länder häufig begleitete. Wenn allerdings die Notwendigkeit bestand, dass Maximilian allein reisen musste, betraute er seine Gemahlin mit der Regentschaft, er wusste, er konnte sich absolut auf seine Ehefrau verlassen.

Maria kümmerte sich um viele politische Belange, nicht nur um die religiöse Erziehung ihrer Kinder. Da ihr Gemahl den Sprösslingen in religiösen Dingen nicht unbedingt ein Vorbild war, setzte sie sich dafür ein, dass die beiden Söhne Rudolf und Ernst an den spanischen Hof geschickt wurden, wo sie eine streng katholische Erziehung genießen würden. Dass dabei viel von der Natürlichkeit der Burschen verloren ging, nahm Maria in Kauf. Als beide jungen Männer nach Österreich zurückkehrten, bemerkte man am eher legeren Kaiserhof, dass sie sich wie Marionetten aufführten. Sie hatten nichts Liebenswürdiges oder Sympathisches an sich, was vor allem die Wiener entsetzt feststellten. Rudolf selbst sollte als Kaiser ein Leben lang unter dieser unnahbaren Maskenhaftigkeit leiden.

Maria war ihrem Gemahl in guten wie in schlechten Zeiten eine echte Begleiterin, auf die er sich felsenfest verlassen konnte. Obwohl sie sich zeitlebens als Spanierin fühlte, kehrte sie diese Fremdartigkeit im Reich nicht hervor, so dass man sie als Kaiserin überall, wohin sie kam, freudig begrüßte. Trotz ihres harmonischen Verhältnisses zu ihrem Gemahl versuchte Maria immer wieder, Maximilian zu bekehren, ohne ihn dabei aber allzu sehr unter Druck zu setzen. Die vielen Gemeinsamkeiten schweißten sie eng zusammen. Da beide an den Phänomenen der Natur höchst interessiert waren, luden sie bedeutende Wissenschaftler der Zeit an den Kaiserhof ein, wie Carolus Clusius, der als Erster den Ötscher in Niederösterreich bestieg und dem Kaiser klipp und klar bewies, dass auf den Bergen keine Dämonen wohnten. Kaiser Maximilian II. umgab sich gern mit exotischen Tieren, selbst zwei Elefanten wurden unter größten Schwierigkeiten nach Wien gebracht. Man könnte das Kaiserpaar mit Fug und Recht als aufgeschlossene Menschen bezeichnen, wäre nicht die Bigotterie der Kaiserin ein sozialer Hemmschuh für sie gewesen.

Für Maria war es besonders tragisch, als ihr Gemahl 1576 in Regensburg, wo er an einem Reichstag teilnehmen wollte, plötzlich zusammenbrach und unrettbar verloren war. Man hatte eilends einen katholischen Priester gerufen, der dem sterbenden Kaiser die Letzte Ölung verabreichen sollte. Aber Maximilian lehnte diese Zeremonie auf dem Sterbebett ab. Endlich war das Ende der Dissimulatio gekommen!

Die Kaiserwitwe zog sich nach Prag zurück, wo ihr ältester Sohn Rudolf als Kaiser regierte. Aber die Sehnsucht nach Spanien ließ sie nicht los. Sie hoffte, mit ihrem Bruder, König Philipp, einen ruhigen Lebensabend verbringen zu können. Nachdem sie die beschwerliche Reise überstanden hatte, erlebte sie in der Heimat eine große Enttäuschung. Der bigotte Bruder hielt ihr vor, nicht genügend getan zu haben, um ihren Gemahl religiös auf den rechten Weg zu bringen. Philipp zeigte seiner Schwester, die sich so sehr auf Spanien gefreut hatte, die kalte Schulter.

Maria blieb nichts anderes übrig, als sich in ein Kloster zurückzuziehen, das Leben konnte ihr nichts mehr bieten. Sie starb am 26. Februar 1603 in den Armen ihrer Tochter Suor Margherita de la Cruz in Villamante.

Nicht in Spanien geboren, wurde er zum begeisterten Spanier: Don Juan d'Austria

Für diesen jungen Mann hatte schon Kaiser Karl V. tief in die Tasche greifen müssen, denn seine Mutter Barbara Blomberg verstand es meisterlich, den Vater des Knaben bei jeder Gelegenheit daran zu erinnern, dass er seinen Verpflichtungen nachkommen musste, um ihr einen mehr als nur standesgemäßen Lebenswandel zu ermöglichen. Dabei konnte der Kaiser nicht einmal sicher sein, dass Hieronymus oder Don Juan d'Austria, wie er in Spanien heißen sollte, tatsächlich sein leiblicher Sohn war, denn die Mutter führte ein reichlich unkonventionelles Leben, machte im Feldlager vor Schmalkalden, wo sie sich als Jüngling verkleidet ins kaiserliche Zelt geschlichen hatte, so manchem feschen Landsknecht schöne Augen. Aber Barbara gelang es, raffiniert wie sie ein Leben lang war, den Kaiser davon zu überzeugen, dass das schöne Kind, das ausgerechnet am 24. Februar, dem Geburtstag Karls, das Licht der Welt erblickte, sein leiblicher Sohn war.

Für Karl, der im Jahre 1547 schon schwer von allen möglichen Leiden gezeichnet war, bedeutete die Geburt dieses Kindes eine lebenslange Verpflichtung. Er erkannte den Knaben nicht nur als seinen Sohn an, freilich nur als „natürlichen", sondern beschloss auch, die Mutter zu versorgen, was sich als schwierig herausstellte, denn Barbara Blomberg war in ihren Forderungen ohne Maß und Ziel. Das ging so weit, dass auch der legitime Sohn und Nachfolger des Kaisers in Spanien, König Philipp II., die Mutter seines Halbbruders bis zu ihrem Tod reichlich unterstützen musste.

Für Karl bedeutete dieses Kind einen Lichtblick, nicht nur, weil sich der Knabe zu einem wohlgestalteten reizenden Buben entwickelte, an dessen Anblick sich der gealterte Kaiser jeden Tag erfreuen konnte. Denn Karl hatte verfügt, dass Hieronymus nicht im Hause der Mutter aufwachsen sollte, die bürgerliche Atmosphäre in Regensburg war nicht die geeignete Umgebung für einen kaiserlichen Prinzen. Seinem Kammerherrn Adrian du Bois befahl er, sich nach dem Kind zu erkundigen und sich nach Pflegeeltern für den Knaben umzusehen. Wann und wo Hieronymus getauft wurde, ist nicht bekannt. Höchstwahrscheinlich wurde er im Jahre 1550 nach Brüssel gebracht, nachdem man der Mutter eine beträchtliche Summe Geldes hatte zukommen lassen. Nach reiflicher Überlegung war Karl zu der Überzeugung gekommen, dass sein Sohn am besten in die Hände seines Violinspielers Franz Massy und dessen Frau übergeben werden sollte. Der Kaiser trennte sich nur schwer von dem exzellenten Musiker, der eine Spitzenstellung in seinem Orchester einnahm, das Karl stets auf seinen unzähligen Reisen begleitete.

Aber jetzt war für ihn die Erziehung seines illegitimen Sohnes von größerer Bedeutung: Hieronymus sollte in Spanien aufwachsen, wenn möglich in der Nähe seines Halbbruders Philipp.

In aller Heimlichkeit wurde das Kind dem Ehepaar Massy anvertraut, allerdings blieb die Herkunft des Knaben im Dunkeln. Dazu hatte man Massy ein Papier mit folgendem Inhalt übergeben, das er unterzeichnen sollte:

„Ich, Franz Massy, violeur S. M., und Anna de Medina, meine Gattin, wissen und bestätigen, dass wir einen Sohn des Herrn Adrian de Bues, Kammerdiener S. M., auf dessen Bitte übernommen haben, dass er uns ersucht hat, ihn als unser eigenes Kind zu übernehmen, zu pflegen und zu erziehen und niemandem etwas zu sagen oder zu erklären, wessen Kind er ist, weil Herr Adrian unter keiner Bedingung will, dass seine Frau oder eine andere Person es erfahre oder davon höre. Deshalb schwöre ich, Franz Massy, und Anna de Medina, meine Frau, und unser Sohn Diego de Medina und versprechen dem genannten Herrn Adrian, keinem Menschen zu sagen oder zu erklären, wessen Sohn der genannte Knabe ist, sondern ich werde sagen, dass er der meinige ist, bis Herr Adrian mir eine Person mit dieser Schrift schickt oder Herr Adrian persönlich erscheint. Und weil Herr Adrian diesen Fall geheim halten will, hat er mich ersucht, ein gutes Werk zu tun und den besagten Knaben in Pflege zu nehmen, was ich und meine Frau sehr gerne tun; Ich bestätige, für die Reise mit diesem Kinde für ein Pferd samt Sattelzeug und für die Leistung der einjährigen Pflege von Herrn Adrian hundert Escudos erhalten zu haben, und es wird bestimmt, dass das besagte Jahr vom ersten Tag des Monats August des laufenden Jahres an zu zählen sei. Damit bin ich zufrieden und erachte mich für dieses Jahr entschädigt. Und zum Zeugnis der Wahrheit habe ich dieses mit meiner Unterschrift unterfertigt, ebenso auch meine Frau; und weil meine Frau nicht unterschreiben kann, habe ich Oger Bodoarte ersucht, es an deren Stelle mit ihrem Namen zu unterschreiben. Und von da an gibt mir Herr Adrian fünfzig Dukaten jährlich für die Pflege des Knaben.

Gegeben zu Brüssel am 13. des Monats Juni 1550"

Für Franz Massy wäre es bei den damaligen unsicheren Wegverhältnissen zu gefährlich gewesen, mit dem ihm anvertrauten Knaben nur mit ein paar Begleitern nach Spanien zu reisen, immerhin dauerten derlei Unternehmungen Monate, wobei niemand für die Sicherheit der Reisenden zu bürgen vermochte. Daher schloss er sich, natürlich im Einvernehmen mit dem Kaiser, dem Gefolge des Prinzen Philipp an, das in Augsburg Quartier bezogen hatte. Der Prinz hatte eine Besichtigungsreise hinter sich, wobei er sich in den wichtigsten Städten des Reiches vorstellen sollte. Immerhin war Philipp als Sohn des Kaisers ein direkter Anwärter auf den Kaiserthron. Aber wie es aussah, schwanden seine Chancen, von den Kurfürsten gewählt zu werden, von Stadt zu Stadt, sein arrogantes, unnahbares Auftreten raubte ihm sämtliche Sympathien des breiten Volkes. Schließlich schlug ihm nur noch Ablehnung entgegen, wenn er wie in Stein gemeißelt die Huldigungen entgegennahm und keine Regung des Gesichtes wahrzunehmen war. So wie er sich selbst sah – von Gott gesandt –, so verhielt er sich.

Im Jahre 1551 entschloss sich Philipp endlich, in seine spanische Heimat zurückzukehren. Wahrscheinlich fiel ihm der kleine Bub in seinem Gefolge nicht auf, der zwar noch nicht Spanisch sprach, aber doch einzelne Wörter immer wieder wiederholte, um sie zu beherrschen. Am 12. Juli 1551 legte die kleine Flotte im Hafen von Barcelona an, an diesem Tag betrat Jeronimo, wie er von seinem Ziehvater genannt wurde, zum ersten Mal den Boden des Landes, das ihm Heimat werden sollte.

Auf Wunsch des Kaisers sollte Jeronimo nicht nur eine unbeschwerte Kindheit und Jugendzeit erleben, sondern auch eine entsprechende Bildung erhalten. Da Massy vor allem Musiker war, wurde ihm Bautista Vela, der Pfarrer von Leganes, zur Seite gestellt, der sich allerdings wenig um den Knaben kümmerte, da er keine Ahnung von dessen illustrer Abstammung hatte. Der Geistliche sah nicht ein, warum ausgerechnet er einem Buben, der sich am liebsten in der freien Natur mit Bauernbuben herumtrieb, Unterricht erteilen sollte.

Als aber nach Brüssel berichtet wurde, wie sich das Leben des Kaisersohnes gestaltete, war man mehr als entsetzt. Es wurde berichtet, dass Jeronimo zwar einen wachen Verstand besitze, „ansonsten aber die Umgangsformen eines Bauerntölpels" habe.

Die vier Jahre, die der Knabe bei seiner Pflegefamilie verbrachte, zählten sicher zur glücklichsten Zeit in seinem Leben. Denn nach dem überraschenden Tod seines Pflegevaters veränderte sich dieses grundlegend. Auf Veranlassung des Kaisers schickte man in aller Eile Charles Prevost nach Spanien, der sich um eine neue, gebildete Familie für den Knaben kümmern sollte. Adrian du Bois hatte schon ein Ehepaar im Auge, dem er jetzt den Jüngling anvertraute: Luis Quijada und seine Gattin Magdalena de Ulloa, die in Jeronimo einen illegitimen Sprössling ihres Mannes vermutete. Obwohl sie über diesen Irrtum nie aufgeklärt wurde, verzieh sie ihrem Gemahl einen eventuellen Fehltritt. Es war der ausdrückliche Wunsch des Kaisers gewesen, dass Magdalena, die keine eigenen Kinder hatte, die Erziehung seines Sohnes übernehmen sollte, denn sie galt als hochgebildet und ihr liebenswürdiges Wesen zog alle in ihren Bann. Auch ihr Gatte war ein Mann von ungewöhnlichen Qualitäten, er war dem Kaiser treu ergeben, auf ihn konnte sich Karl absolut verlassen. Außerdem entstammte er einer der ältesten und vornehmsten Familien Spaniens. Der Kaiser hatte mit den neuen Pflegeeltern eine gute Wahl getroffen, denn beide setzten alles daran, den Knaben nach den Vorstellungen des Herrschers auszubilden.

Der junge Don Juan trifft im Kloster von Yuste auf seinen Vater Karl V.

Krank und von vielen Schicksalsschlägen gezeichnet, hatte Karl V. offiziell 1556 in Brüssel seine Abdankung als Kaiser publik gemacht und seinem Bruder Ferdinand die Kaiserkrone übergeben. Wenig später bestieg er ein Schiff, das ihn nach Spanien bringen sollte. Mit an Bord waren seine beiden Schwestern Maria und Eleonore, mit denen er selbst auf dem engen Raum des Seglers keinen Kontakt hatte. Ein Leben lang war es für ihn schwer gewesen, eine engere Verbindung zu seinen Mitmenschen aufzubauen.

Auch als er sich nach Yuste zurückzog, um dort in der kargen Landschaft in der Nähe des Hieronymusklosters seinen Lebensabend zu verbringen, teilte er seinen Dienern nicht mit, wer der schöne Knabe wäre, an dessen Anblick er sich jeden Tag erfreute. Denn er hatte Order gegeben, dass Luis Quijada zusammen mit seiner Ehefrau und Jeronimo ganz in der Nähe seines neuen Wohnsitzes ein Haus beziehen sollten, so dass er das Kind täglich sehen konnte, was anfangs allgemeines Erstaunen hervorrief, vor allem, da der alte Kaiser Jeronimo offensichtlich ganz besonderes Wohlwollen entgegenbrachte.

Obwohl sich Karl V. oder Carlos I., wie er in Spanien genannt wurde, aus der großen Politik zurückgezogen hatte, fand in Yuste reges Leben statt. Allmählich war es zur Gewohnheit geworden, den alten Kaiser in politischen Fragen zu Rate zu ziehen. Sein Sohn Philipp, dem die Regentschaft in den Niederlanden zugefallen war, suchte ihn regelmäßig auf, da er den schweren Ausschreitungen in Flandern nahezu machtlos gegenüberstand. Auch Philipp war es lange Zeit verheimlicht worden, wer der fremde Knabe war, den sein Vater tagtäglich zu sehen wünschte. Dabei kümmerte sich Karl um die Zukunft seines „natürlichen" Sohnes, wenn er im Anhang seines Testaments im Jahre 1554 verfügte:

„Neben dem, was mein Testament enthält, sage und erkläre ich, dass ich, als ich in Deutschland und Witwer war, einen natürlichen Sohn von einer unverheirateten Frau hatte, der Jeronimo genannt wurde, und dass es aus bestimmten Gründen meine Absicht war und ist, er solle, wenn es erreicht werden kann, aus freiem und spontanem Willen das Kleid eines reformierten Ordens nehmen, jedoch ohne dass Druck und Gewalt auf ihn ausgeübt wird. Wenn es aber nicht möglich ist und er es vorzieht, ein weltliches Leben zu führen, befehle und gebiete ich, dass er jedes Jahr auf die übliche Weise zwanzig- bis dreißigtausend Dukaten aus Steuereinnahmen des Königreichs Neapel erhalten soll; dabei seien ihm Land und Knechte mit jener dazugehörigen Rente überschrieben ...

Die ganze Angelegenheit [...] ist dem Gutdünken meines Sohnes überlassen oder, wenn er nicht mehr ist, dem Gutdünken meines Großsohns, des Infanten Don Carlos [...] Und welchen Stand genannter Jerome auch immer wählen wird, ich trage dem genannten Prinzen, meinem Sohn, und meinem genannten Großsohn und meinen Erben, wer immer es sein mag –

so wie ich es gesagt habe –, auf, ihm bei der Eröffnung meines Testaments Ehre zu erweisen, den geziemenden Respekt zu bezeugen und zu beachten und zu meinen Gunsten auszuführen, was dieses Schriftstück beinhaltet. Ich unterzeichne den Willen mit meinem Namen und meiner Hand; und er ist gesiegelt und versiegelt mit meinem privaten kleinen Siegel; und er ist zu beachten und auszuführen wie eine Klausel meines genannten Testaments.

Ausgefertigt in Brüssel am 6. Tage des Monats Juni 1554."

Im August 1558 erkrankte Karl V. schwer an Malaria, die er sich in Italien zugezogen hatte. Die Ärzte unternahmen alles Menschenmögliche, um den Kaiser zu retten, aber all ihre Kunst war zum Scheitern verurteilt: Am 21. September 1558 schloss der Herrscher über ein Weltreich die Augen für immer. Verschiedenen Berichten zufolge hielt sich auch der junge Jeronimo am Sterbebett des Vaters auf, auch bei dessen Beisetzung soll er unter den Anwesenden gewesen sein. Viele Fragen standen im Raum: Wer war der geheimnisvolle Unbekannte? Wieso war er zu den Bestattungsfeierlichkeiten geladen?

Philipp, der schon zu Lebzeiten des Vaters König von Spanien geworden war, schwieg wahrscheinlich auch seiner Schwester Juana gegenüber, denn diese richtete nach dem Tod des Vaters eine Anfrage an das Ehepaar Quijada, um wen es sich bei dem Jüngling handelte. Und da Luis Quijada sich immer noch an die Pflicht zu schweigen hielt, erklärte er der Regentin – Juana führte die Regierungsgeschäfte, während ihr Bruder Philipp in den Niederlanden weilte –, dass es sich bei dem Knaben um den Sohn eines Edelmannes handelte.

Juana lernte ihren Halbbruder in einer makabren Situation kennen, bei einem Autodafé. Für die Spanier war die Verbrennung Andersgläubiger ein Volksvergnügen, eine willkommene Abwechslung geworden, die man nicht versäumen durfte. Auch die Regentin ließ es sich nicht nehmen, die letzten Zuckungen der Delinquenten mitzuerleben. Man delektierte sich geradezu daran, wie die Unglücklichen zu Tode kamen. Auch Dona Magdalena war mit Jeronimo nach Valladolid gekommen, um diesem grausamen Spektakel beizuwohnen. Irgendeiner der Anwesenden erkannte die

Ziehmutter Jeronimos und plötzlich tauchte das Gerücht auf, dass der blonde Jüngling nur der Sohn des Kaisers sein konnte. Die Kunde verbreitete sich wie ein Lauffeuer, die Sensation war perfekt!

Dennoch wurde Jeronimo noch nicht in den Palast geladen, obwohl Quijada über die Lernfortschritte seines Zöglings im Auftrag des Königs Bericht erstatten musste, wobei er bemerkte, dass es dem Jüngling nicht leichtfiel, das festgesetzte Pensum zu erledigen, während Reiten und Fechten ihm ganz besondere Freude bereiteten.

Im September 1559 wurde in der Nähe von Valladolid zur Jagd geblasen, zu der auch Quijada und sein Zögling eingeladen waren. Als die Ankunft des Königs feierlich angekündigt wurde, bat Quijada Jeronimo, ihm die Hand zu reichen, die der Ziehvater zur großen Verblüffung Jeronimos küsste. Endlich lüftete Quijada das Geheimnis, worauf der junge Mann lachend erklärte, Quijada könnte ihm jetzt eigentlich auch die Steigbügel halten.

Aus der Ferne hatte König Philipp alles beobachtet. Jetzt schritt er auf Jeronimo zu, umarmte ihn und hieß ihn als seinen Halbruder, als Sohn des Kaisers, willkommen. In schönster Eintracht kehrte man nach Valladolid zurück. Später meinte König Philipp, er wäre noch nie so gern auf eine Jagd geritten.

Das Verhältnis der beiden ungleichen Brüder war über Jahre hervorragend, Philipp, der der Vater des fröhlichen jungen Mannes hätte sein können, bewunderte die Leichtigkeit, mit der Don Juan d'Austria, wie Jeronimo nach seinem Einzug in den Königspalast genannt wurde, das Leben nahm, wie positiv er dachte, um auf diese Weise die Herzen aller zu erobern. Auch der behinderte Sohn Philipps Don Carlos fühlte sich zu dem neuen Oheim, der nur wenig älter war als er selbst, hingezogen und betrachtete ihn als Freund. Mit Don Juan schien Leben in die Gemächer des Königs eingezogen zu sein; es bildete sich ein Kreis junger Leute, zu denen auch die beiden Cousins aus Österreich gehörten, Rudolf und Ernst, die hier in Spanien den letzten gesellschaftlichen Schliff bekommen sollten. Auch die kleine französische Königin Isabel, die dritte Gemahlin Philipps, fühlte sich in Gesellschaft Don Juans wohl, der durch sein blendendes Aussehen und seinen angeborenen Charme die Damen entzückte.

Philipp II. hatte die Absicht, seinem Halbbruder den Oberbefehl über die Flotte anzuvertrauen, eine wichtige Position in einer Zeit, in der die Türken die schlagkräftigste Seemacht im Mittelmeerraum waren. Die Osmanen hatten schon die Küsten Nordafrikas in Besitz genommen und hatten vor, sich mit den in Spanien verbliebenen Morisken, den ehemaligen Mauren, zu verbinden. Nach der Eroberung von Granada durch die Katholischen Könige hatten sich kleine Gruppen von Mohammedanern in einzelne Orte Südspaniens zurückgezogen, von wo aus sie versuchten, allmählich in Spanien mit Hilfe der Türken an die Macht zu kommen. Gefahr für König Philipp und das habsburgische Regime war auf alle Fälle gegeben. Obwohl Don Juan keinerlei militärische Erfahrung besaß, übertrug ihm der Bruder zunächst das Kommando über ein Heer gegen die Morisken. Trotz seiner Unerfahrenheit in strategischen Dingen gelang es Don Juan auf Grund seiner faszinierenden Redegabe, die zusammengewürfelten Truppen so zu begeistern, dass sich die Soldaten todesmutig in den Kampf stürzten. Es dauerte nicht lange, bis der Aufstand der Morisken niedergeschlagen war. So wie üblich verschonte man weder Frauen noch Kinder noch Greise. Don Juan selbst entging nur knapp dem Tod, eine Kugel streifte seinen Helm, prallte aber seitlich ab, während sein Ziehvater Quijada so schwer verwundet wurde, dass er, obwohl er sofort von den königlichen Ärzten behandelt wurde, noch auf dem Schlachtfeld starb.

Don Juan d'Austria hatte in diesem Kampf bewiesen, dass er auch ohne direkte Ausbildung die Fähigkeit zu einem Heerführer besaß. Was er höchstens ahnen konnte, war die Tatsache, dass sein Kampf gegen die Morisken nur der Anfang seiner internationalen Karriere war. Es war abzusehen, dass die Türken, die mit 50.000 Fußsoldaten und 2000 Reitern die Insel Zypern besetzt hatten, nicht haltmachen würden, bevor sie den gesamten Mittelmeerraum unter ihre Herrschaft gebracht hatten. Ihr Ziel war es, den Islam mit Feuer und Schwert zu verbreiten. Das christliche Abendland musste wachsam sein, um nicht unterzugehen. Es galt, sich zusammenzuschließen und eine Allianz gegen die Feinde des Christentums zu bilden, um gemeinsam gegen die Osmanen vorgehen zu können.

Papst Pius V., ein Mann aus einfachen Verhältnissen, der zu dieser Zeit auf dem Stuhle Petri saß, war damit einverstanden, dass dem vielgepriesenen Sieger über die letzten Mauren in Spanien, Don Juan d'Austria, das Kommando über eine gemeinsame christliche Flotte übertragen werden sollte, an der auch Venedig mit seinen beeindruckenden Seestreitkräften beteiligt war. Wie immer bei derlei internationalen Vereinbarungen gab es durchaus Schwierigkeiten, da Venedig auf seiner Führungsposition in der Adria und im Mittelmeer bestand. Hinter dem Rücken der Verbündeten wandten sich die Venezianer an den türkischen Großwesir, der ihnen verlockende Angebote machte. Nach langem Hin und Her erkannte man aber auch in Venedig die drohende Gefahr, weshalb man sich doch lieber der „Heiligen Liga" anschloss. Dabei ging es natürlich vor allem um die Finanzierung der Unternehmung, denn irgendwoher mussten die Mittel kommen. Weder Kaiser Maximilian II., der selbst die größten Probleme im Osten des Reiches mit den Türken hatte, noch andere Länder sagten eine Unterstützung zu, nur der König von Portugal entschloss sich, etwas Geld locker zu machen und etliche tausend Soldaten zu schicken.

Sowohl König Philipp als auch der Heilige Vater warnten Don Juan davor, leichtfertig dieses riesige Abenteuer zu wagen und die Türken mit einer Flotte anzugreifen. Der Bruder stellte ihm fähige Männer zur Seite, mit denen er die Angriffspläne genauestens erörtern sollte.

Nach dem Segen des Papstes für diese gefahrvolle Unternehmung erlebte der schöne Prinz einen wahren Triumphzug durch ganz Italien. Wo der blonde, hochgewachsene junge Mann mit den strahlend blauen Augen auftauchte, jubelte man ihm zu, als hätte er den Sieg über die Türken schon errungen.

Don Juan hatte inzwischen erfahren, dass der Sultan seine Flotte, die aus ausladenden schweren Schiffen bestand, in der Nähe von Lepanto positionierte. Hier wollte sie Don Juan mit seinen kleinen schnellen Booten angreifen. Er rechnete damit, dass sich die großen Schiffe der Türken in der Meerenge selbst im Weg sein und daher leicht zu entern sein würden. Und er sollte recht behalten.

Die Schlacht begann am 7. Oktober 1571. Auf beiden Seiten wurde mit äußerster Brutalität gekämpft, das Blut floss in Strömen. Und mitten im dichtesten Kampfgewühl sah man Don Juan in seiner goldenen Rüstung, wie er nach dem Klang von Querpfeifen eine Gaillarde tanzte!

Die Seeschlacht von Lepanto in einem zeitgenössischen Gemälde

Als die Türken erkannten, dass sie nicht die geringsten Chancen in dieser Schlacht haben würden, wandten sie sich eilends zur Flucht. Der große ruhmreiche Sieger in diesem Ringen der Christenheit mit dem Islam hieß für alle Zeiten Don Juan d'Austria.

Damit hatte Don Juan d'Austria auch den Höhepunkt in seinem Leben überschritten. Aus der Popularität in ganz Europa erwuchsen für ihn in Zukunft nur Schwierigkeiten. Nicht nur, dass sein spanischer Bruder sich nicht entschließen konnte, ihn mit lebensfüllenden Aufgaben zu betrauen, auch die Pläne, sich um einen Königsthron zu bemühen, zerrannen im Nichts. Dazu kam, dass sich Philipp II. in seiner Emotionslosigkeit immer mehr mit falschen Beratern umgab, in deren Interesse es keineswegs lag, dass der König den Bruder näher an sich zog. Auch die Aufstellung eines europäischen Heeres gegen die Türken, wie sie vom Papst gefordert wurde, kam nicht zustande. Sie scheiterte an den jeweiligen Interessen der europäischen Mächte. Der Sieg bei Lepanto musste genügen, man hatte dem Erbfeind der Christenheit die Rute ins Fenster gestellt.

Ohne konkrete Aufgabe gab sich Don Juan längere Zeit dem Dolce Vita hin, eroberte die schönsten Frauen, ohne darauf zu achten, ob im Hintergrund ein Ehemann stand, der ihm hätte gefährlich werden können. Wenn sich Folgen der galanten Abenteuer einstellten, wusste man einen bequemen Ausweg: Die Klosterpforten standen für die gefallenen Mädchen und auch deren Kinder weit offen. Schon Ana, die Tochter Don Juans mit der schönen Maria de Mendoza, wurde nicht gefragt, ob sie ein Leben als Nonne führen wollte, weil ihre Mutter in den Armen des verführerischen Prinzen schwach geworden war.

In Italien verlebte Don Juan Monate des süßen Nichtstuns, da sich sein Bruder weigerte, ihm die Rückkehr nach Spanien zu erlauben, in das Land, das der Sieger von Lepanto schon lange als seine eigentliche Heimat ansah. Er machte für sich das Beste aus dieser Situation und besuchte zahlreiche Feste, die ihm zu Ehren veranstaltet wurden, bei Musik und Tanz knüpfte er so manches galante Abenteuer und es dauerte nicht lange, da hatte sich sein Ruf als Herzensbrecher wie ein Lauffeuer verbreitet. Kaum zeigten sich Folgen der Abenteuer, fasste Don Juan bereits neue Eroberungen ins Auge. Lediglich Ana de Toledo hatte sein Herz berührt. Aus einem kleinen Abenteuer entstand heiße Liebe, die allerdings für Don Juan gefährlich zu werden begann. Denn Ana war die Gemahlin des Gouverneurs von Neapel, der sicherlich nicht gezögert hätte, den Liebhaber seiner Frau zur Rechenschaft zu ziehen, hätte er von dieser Affäre erfahren. Aber der Tod war der Retter in der Not, denn Ana erkrankte ganz plötzlich an einer Grippe, an der sie nach wenigen Tagen verstarb. Ihr Tod brachte den Herzensbrecher zumindest für kurze Zeit aus dem Gleichgewicht. Vielleicht kam gerade in dieser seelischen Krisensituation die Nachricht des Bruders zur rechten Zeit, denn Philipp ersuchte Don Juan, mit einem kleinen Heer nach Nordafrika zu ziehen, wo sich ebenfalls die Türken breit gemacht hatten. Endlich hatte der Prinz wieder eine Aufgabe, die er zur Zufriedenheit seines Bruders regelte.

Er konnte damals noch nicht ahnen, was Philipp II. tatsächlich mit ihm vorhatte: Er sollte als spanischer Statthalter die Niederlande befrieden!

Fernando Álvarez de Toledo, der Herzog von Alba

Eine Aufgabe, an der schon ein Herzog von Alba gescheitert war. Zu viel böses Blut hatten die spanischen Gesetze und Verordnungen in den flandrischen Städten gemacht; wie mit einem eisernen Besen waren die Spanier durch die Lande gefahren, arrogant und blind für die Sitten und Gebräuche dieses lebenslustigen Volkes. Überall im Land gärte es, überall wurde zum Kampf gegen das spanische Joch aufgerufen, angefeuert von Wilhelm von Oranien, einem deutschstämmigen Prinzen, dessen Appelle nicht ungehört verhallten.

Philipp II. hatte bei seinem Besuch in den Niederlanden viel zu der antispanischen Stimmung beigetragen. Jetzt hoffte er, dass sein leutseliger Bruder, in dessen Adern deutsches Blut floss, die Leute zur Räson bringen würde. Wenn nicht er, wer sonst?

Auf seinem Weg nach Norden kam es zu einer denkwürdigen Begegnung: Don Juan d'Austria traf mit seiner Mutter Barbara Blomberg zusammen. Was als besonderes Erlebnis in seinem Leben geplant war, erwies sich als Katastrophe, da sich der Sohn der Mutter gegenüber abweisend und „spanisch-arrogant" verhielt, so dass Barbara allen Anwesenden gegenüber meinte: „Es war ein Fehler, ihn den Sohn des Kaisers zu nennen." Eine kryptische Aussage, die viele Zweifel wachrief!

Hatte Philipp II. geglaubt, in seinem deutschen Halbbruder den richtigen Statthalter für die Niederlande gefunden zu haben, so hatte er sich bitter getäuscht. Don Juan war in den Jahren in Spanien zu einem glühenden Spanier geworden, für den das Verhalten der Niederländer, ihre Lebenslust, ihre derben Sitten, ihr Umgang miteinander ekelerregend waren. Öffentlich bezeichnete er die holländischen Männer als „Weinschläuche" und die Niederlande als „Babylon des Ekels". Er verspielte die Sympathie der Niederländer schon bald nach seiner Ankunft.

Für einen Außenstehenden war die politische Situation in den Niederlanden nun tatsächlich unüberschaubar, denn nicht nur Spanien kämpfte um den Erhalt seiner politischen Macht. Die Katholiken hatten in ihrem Streit mit Protestanten und Calvinisten als ihren Vertreter den jungen habsburgischen Prinzen Matthias gewählt, den Sohn von Kaiser Maximilian II. Eine andere Gruppierung wünschte sich wiederum sogar die Franzosen ins Land. Es war nämlich bekannt geworden, dass der französische König Heinrich seinen unliebsamen Bruder Franz loswerden und ihn in die Niederlande abschieben wollte. Auch die englische Königin Elizabeth I. liebäugelte mit den Niederlanden, denn hier hätte ihre neue Religion Chancen gehabt, sich weit zu verbreiten; die Unterstützung der Calvinisten und Protestanten war ihr sicher.

Don Juan d'Austria sah sich schon bald nach seiner Ankunft in dem neuen Land einer beinah aussichtslosen Situation gegenüber, die auch für einen politisch erfahreneren Mann kaum zu meistern gewesen wäre. Zu Beginn hatte man dem berühmten Sieger von Lepanto, der in einer goldenen Rüstung auf einem feurigen Pferd durch die mit Teppichen und Blumen geschmückten Straßen von Namur ritt, noch einen gebührenden Empfang bereitet, jeder wollte dem allseits bekannten Helden die Reverenz erweisen. Angesichts dieser anfänglichen Hochstimmung konnte der Prinz nichts von den Schwierigkeiten und Problemen ahnen, die in den nächsten Wochen und Monaten auf ihn zukamen.

Es dauerte nicht lange, da war der Held von Lepanto von einem Heer von Feinden umgeben, vor allem, als bekannt wurde, dass er sich unsterblich in die Femme fatale Frankreichs, in die viel begehrte Königstochter Margot von Valois verliebt hatte, deren Vorleben weit über die Grenzen Frankreichs hinaus bekannt war. Diese Liaison wurde in der Umgebung des Prinzen mit scheelen Augen betrachtet, denn immerhin war das Verhältnis zu Frankreich alles andere als zufriedenstellend. Wie leicht konnte es sein, dass Margot im Auftrag ihres Bruders dem verliebten Prinzen eine Falle stellte oder ihm gar nach dem Leben trachtete. Auffallend war nämlich für Don Juans Gefolge sein von Woche zu Woche schlechter werdendes Aussehen, die Hitzewallungen, denen Schüttelfrost folgte, die Müdigkeit, die ihn oft in wichtigen Augenblicken befiel, das aschgraue, eingefallene Gesicht des Prinzen. War es nicht schleichendes Gift, das man seinen Speisen beimischte?

Der Sieger von Lepanto sollte nicht lange in den Niederlanden bleiben. Bei einem Ritt übers Land wurde er plötzlich von heftiger Übelkeit befallen, die ihn daran hinderte, weiterzureiten. Sein Gefolge sichtete in der Entfernung ein Taubenhaus, in das man den sterbenden Prinzen brachte. Kaum hörbar flüsterte er, als ein eilig herbeigeholter Priester ihm die Letzte Ölung spendete, die Worte: „Ich nenne nichts auf der Welt mein Eigen, nicht einmal eine Handbreit Erde. Wie sollte mich da nicht nach den weiten Gefilden des Himmels verlangen, Pater?"

Der Held von Lepanto wurde in Namur in seiner goldenen Rüstung aufgebahrt. Alle, die gekommen waren, um von dem einst schönen Prinzen Abschied zu nehmen, konnten sich der Tränen nicht erwehren. Der Tod am 1. Oktober 1578 hatte alle politischen Differenzen überwunden.

Der Wunsch Don Juans, in Spanien seine letzte Ruhestätte zu finden, stellte sein Gefolge vor eine schier unlösbare Aufgabe, denn auch dem toten Feind verwehrte der französische König die Durchreise. Schließlich kam man auf die Idee, nachdem man aus der Leiche das Blut abgepumpt hatte, dem Toten den Kopf abzuschneiden und den Körper zu vierteilen.

Die einzelnen Leichenstücke steckte man in die Satteltaschen der Pferde und ritt – freilich bei Nacht und Nebel – unerkannt durch das feindliche Land. Nachdem man in Madrid die Leichenteile wieder zusammengefügt hatte, setzte man den Sieger von Lepanto im Escorial bei. König Philipp soll geweint haben.

Die Begräbnisstätte der spanischen Könige: Der pompöse Escorial

Selten haben in der Geschichte Männer und Frauen, die man als Heilige verehrte, eine solch große Rolle in der Politik gespielt wie in Spanien im 16. Jahrhundert. Dies lag vor allem an der unglaublich bigotten Einstellung Philipps II., der die Politik der Halbinsel für einen Großteil des Jahrhunderts entscheidend prägte. War sein Vater Kaiser Karl V. schon ein über alle Maßen frommer Mensch gewesen, so übertraf der Sohn ihn bei weitem. Vor allem auch dadurch, dass er nicht nur Märtyrer verehrte, sondern auch überall Reliquien sammelte, denen an bestimmten Tagen eine besondere Verehrung zuteilwurde. Philipp fühlte sich berufen, die Heiligen in das irdische Leben zu integrieren, ihnen einen besonderen Platz auch in der Politik einzuräumen. Sie waren seine Gesprächspartner, ihnen widmete er wichtige Stunden des Tages, zu ihnen fühlte er sich hingezogen. Alles Irdische sollte von ihm ferngehalten werden, er zog sich hinter den Mauern des Escorial zurück, den er extra als sein Refugium hatte erbauen lassen

Eigentlich war der Escorial als Sühnestätte gedacht gewesen, hatten doch Spanier im Krieg gegen Heinrich II. von Frankreich bei Saint Quentin 1557 in der Hitze des Gefechts irrtümlich ein kleines Kloster zerstört, das dem hl. Laurentius geweiht gewesen war. Obwohl Philibert von Savoyen, der in spanischen Diensten stand, den Franzosenkönig besiegen konnte, blieb doch ein unangenehmes Gefühl zurück, dem Heiligen die Weihestätte zerstört zu haben. Und da man in dieser Zeit glaubte, dass die Heiligen auf alle Fälle Einfluss auf das Geschick der Lebenden nehmen würden, fürchtete man sich vor der Strafe Gottes wegen dieses Frevels und wollte die Schmach möglichst bald beseitigen.

Es war König Philipp selbst, der die Gründungsurkunde für den Escorial unterzeichnete, wobei man damals sicherlich noch nicht ahnte, welche Bedeutung diese Basilika in der Zukunft haben würde.

Es war nicht alleine Philipp, der von der Notwendigkeit überzeugt war, in der Nähe von Madrid in beinah 1000 Metern Seehöhe dieses mächtige Bauwerk zu errichten. Schon sein Vater hatte ihn auf die Idee gebracht, für die verstorbenen Angehörigen des habsburgischen Königshauses eine gemeinsame Grabstätte zu erbauen. Alle bereits Verstorbenen und die zukünftigen Herrscher und ihre Ehefrauen sollten, nachdem sie das irdische Leben hinter sich gelassen hatten, gemeinsam vereint in der Hoffnung auf Auferstehung in den pompösen Mauern dem Jüngsten Tag entgegengehen können.

Bis dahin waren Mönche angewiesen, Tag und Nacht für die im Tode Vorausgegangenen zu beten. Tausende von Seelenmessen wurden angeordnet und der düstere Chor, der durch die kalten Räume klang, sollte nie verstummen.

Als Kaiser Karl V. starb, war er zunächst in der Klosterkirche von San Yuste beigesetzt worden, von wo er nach Fertigstellung des Escorial in die Königsgruft überführt wurde, genauso wie die vor ihm Verblichenen. Es schien, als gäbe es überall in Spanien ein riesiges Begräbnis, als die Überreste der Toten in ihren prunkvollen Särgen oft von weither zum Escorial gebracht wurden. Hunderte Mönche und Nonnen nahmen an den Feierlichkeiten teil, genauso wie die Bevölkerung der Orte, durch die die Leichen überführt wurden. Eindrucksvoll schaurig muteten diese Leichenzüge an, wobei die spanische Bevölkerung natürlich auch auf ihre Kosten kam. Denn schon die Ankündigung des Leichenzuges rief die Schaulustigen auf den Plan, niemand wollte das angekündigte unheimliche Spektakel versäumen.

Als Erstes wurden die Überreste von Isabel von Valois auf Geheiß des Königs in die Gruft versenkt. Sie war die Lieblingsfrau Philipps II. gewe-

Darstellung des Escorial aus dem 19. Jahrhundert

sen. Ihr Tod hatte ihn menschlich noch ärmer gemacht. Nur die beiden Töchter waren ihm von ihr geblieben, jetzt konnte er die geliebte Tote täglich besuchen, wenn er im Escorial weilte. Auch Don Carlos, sein ältester regierungsunfähiger Sohn, wurde von Madrid, wo er auch nur eine provisorische Grabstätte gefunden hatte, zum Escorial gebracht, genauso wie dessen Mutter Maria, die die Geburt des Sohnes nicht überlebt hatte. Besonderes Aufsehen erregte die Leiche der verstorbenen Kaiserin Isabella, der Gemahlin Karls V., die ebenso wie viele der im Escorial ruhenden Damen bei der Geburt eines Kindes gestorben war.

Wahrscheinlich hatten sich die Schwestern des Kaisers Eleonore, die mit dem König von Portugal und später mit dem französischen König Franz I. verheiratet war, und Maria, die als Statthalterin in den Niederlanden große Umsicht hatte walten lassen, nicht vorstellen können, dass sie dereinst mitten in Spanien ihre letzte Ruhestätte finden sollten. Da sie aber mit ihrem kaiserlichen Bruder alle ihnen anvertrauten Ämter niedergelegt hatten und mit ihm nach Spanien gezogen waren, hatten sie fast damit gerechnet, einmal in der Nähe ihres Bruders zur ewigen Ruhe gebettet zu werden.

Natürlich waren bei der hohen Sterblichkeitsrate auch einige Kindersärge dabei, die in der Gruft einen eigenen Platz hatten. Zwei Brüder Philipps, Don Fernando und Don Juan, sollten einigen vorangehen, denn auch Söhne und Töchter Philipps aus seiner vierten Ehe bekamen hier ihren endgültigen Ruheplatz.

Es war keine leichte Aufgabe, der sich König Philipp unterzogen hatte, als er sich entschloss, sich für das Leben eine Bleibe und nach dem Tode eine Ruhestätte zu schaffen. Da er selbst vielseitig interessiert war, ließ er sich alle Pläne der Konstrukteure und Baumeister vorlegen. Er ordnete an, nichts ohne sein Wissen zu verwirklichen. Der Grundriss sollte einen Rost darstellen, auf dem der Heilige angeblich gefoltert wurde. Das Gebäude sollte eine Länge von 207 und eine Breite von 161 Metern haben mit vier Türmen an den Ecken. Die schiere Anzahl von fast 2700 Fenstern, mindestens ebenso vielen Türen und über 80 Treppenaufgängen verdeutlichen die Ausmaße des Baus. 89 Springbrunnen und kleine Kapellen sollten den Besucher zum Verweilen einladen; allein die Gänge in diesem Riesenbau hatten eine Länge von 160 Kilometern. Handwerker aus allen Teilen Spaniens, aber auch Meister ihres Faches aus der damals bekannten Welt wurden angeheuert und aufgefordert, sich hier in der Nähe von Madrid zu verewigen. Sie sollten die Schar von Mönchen, die als Arbeiter dienten, anweisen und ein Monument errichten, das den Ruhm der habsburgischen Dynastie bis in ferne Zukunft verkünden würde. Ausrufer mit der Glocke in der Hand warben in den spanischen Städten und auf dem Land um Arbeitskräfte, die hier Brot und Unterkunft finden sollten. Schließlich meldeten sich 60 exzellente Steinmetze, von denen wiederum die 20 besten ausgewählt wurden, da man ihnen zutraute, die gewaltige Aufgabe, die vor ihnen lag, zu bewältigen. Jedem Meister wurden 40 Gesellen für die groben Arbeiten zur Seite gestellt. Mithilfe dieses Heers von Arbeitern gelang es, den Escorial innerhalb von 20 Jahren fertigzustellen, wobei der König, so oft es ihm möglich war, höchstpersönlich die Fortschritte am Bau besichtigte.

Am 13. September 1584 war ein besonderer Tag in der Baugeschichte, an ihm setzte der Werkmeister Fray Antonio den Schlussstein in einem feierlichen Akt. Der Bau hatte die Riesensumme von 3 Millionen Dukaten gekostet, wobei die Basilika allein mit 500.000 veranschlagt wurde. Nachdem auch die Innenausstattung in den nächsten zwei Jahren fertiggestellt wurde, konnte der Escorial im August des Jahres 1586 eingeweiht werden.

Zur Feier des Tages wurde das Prunkgebäude von oben bis unten mit tausenden Öllämpchen erleuchtet. Es grenzte an ein Wunder, das vielleicht der heilige Schutzpatron bewerkstelligte, dass nicht irgendwo in den weiten Räumen ein Brand ausbrach. König Philipp II., von der Gicht schwer gezeichnet und beinah gehunfähig, ließ sich in einer Sänfte um den Klosterpalast tragen, wo er noch zwölf Jahre seines Lebens verbringen sollte.

Vor allem in den Sommermonaten war der Escorial ein bevorzugter Aufenthaltsort des Königs, hier war er nicht der drückenden Hitze des übrigen Landes ausgesetzt, hier konnte er fernab von der Welt seinen Neigungen nachgehen. Als leidenschaftlicher Sammler beauftragte er Kunstexperten, die für ihn Gemälde, alte Handschriften und Bücher überall in Europa aufkauften, so dass die Bibliothek des Escorial schon bald zur bedeutendsten ihrer Art zählte. Gemälde der italienischen Renaissance kamen auf dem Seeweg nach Spanien und wurden dann vorsichtig in den Escorial gebracht, wo sie Philipp II. mit Begeisterung betrachten konnte. Wahrscheinlich wäre der Monarch ein hervorragender Archivar geworden, hätte ihn nicht das Schicksal auf den spanischen Thron gesetzt. Solange er lebte, war der Escorial eine bevorzugte Stätte der Wissenschaftler und Künstler, die unter seinem persönlichen Schutz standen. Mit ihnen diskutierte der im allgemeinen eher menschenscheue König ganze Nächte lang, sie hatten Zutritt zu seinen Privaträumen, der kaum einem anderen gewährt wurde

Der Charakter Philipps blieb vielen seiner Zeitgenossen ein unergründliches Geheimnis, denn er beschäftigte sich mit Dingen und Problemen, die man ihm nicht zugetraut hätte. So konnte er stundenlang in den Gärten rund um den Escorial verweilen und den Duft der vielfältigen Blüten einatmen und sich an der üppigen bunten Pracht der Blumen erfreuen. Er war ein echter Gartenfreund.

Die Bibliothek des Escorial (19. Jahrhundert)

Der heutige Escorial hat nicht mehr viel mit dem ursprünglichen Bauwerk gemeinsam. Er wurde von den bourbonischen Königen barockisiert und daher vielfach umgestaltet. Geblieben ist freilich das Äußere, während die meisten Kunstschätze aus dem Inneren von den Franzosen im Jahre 1808 gestohlen wurden. Über 350 Pferdefuhrwerke waren mit den gold- und silbernen Kostbarkeiten nach Frankreich gebracht worden, von wo sie in die ganze Welt verkauft wurden. Wobei natürlich jegliches Interesse an den Reliquien fehlte, die sich zuhauf im Escorial befanden. Lange noch werden die spanischen Könige hier beigesetzt, getrennt nach Geschlecht und Bedeutung. So findet man die Sarkophage der Königinnen, die Söhne geboren hatten, im Pantheon der Könige.

Außerhalb der königlichen Kapelle kann man ein eindrucksvolles Renaissance-Hochgrab bewundern, auf dem der Sieger von Lepanto dargestellt ist: der schöne Don Juan d'Austria.

Der Anti-Held wird zum Helden: Don Carlos

Ein beinahe debiler junger Mann regte die Phantasie von Dichtern und Künstlern an und machte aus dem regierungsunfähigen Sohn von Philipp II. einen glücklosen Helden. Dabei war für den großen deutschen Dichter und den genialen italienischen Komponisten keineswegs die Person des unglücklichen Prinzen von Bedeutung, viel mehr zeigten sie durch sein erfundenes Schicksal die totalitäre Gewalt der Mächtigen auf, an der freiheitsliebende Menschen zerbrechen müssen.

Don Carlos war in der historischen Wirklichkeit alles andere als ein Freiheitskämpfer wie bei Friedrich Schiller, auch Giuseppe Verdi verzeichnet ihn auf seine Weise und stellt seinen Vater König Philipp II. als uneinsichtigen Tyrannen dar, der sich von seiner dritten Gemahlin Elisabeth von Valois hintergangen fühlt und den Eindruck hat, „nie geliebt" worden zu sein.

Betrachtet man die historischen Hintergründe, so kommt man zu einem ganz anderen Ergebnis, denn Don Carlos war alles andere als ein Held, ja nicht einmal ein Mensch mit einem normalen Verstand. Und sein Vater wurde von seiner dritten Gattin trotz des großen Altersunterschieds geliebt. Dass Dichter und Komponist die Handlung auf ihre Weise zurechtbogen, war ihrer Dramaturgie zu verdanken, denn aus dem tatsächlichen Leben des Königssohnes hätte sich kein Freiheitsdrama machen lassen.

Der historische Don Carlos war nicht nur ein bedauernswerter Mensch, sondern auch das Ergebnis der Eheschließungen zwischen zu engen Verwandten, da sein Vater Philipp seine portugiesische Cousine geheiratet hatte. Auf die Anfrage Kaiser Karls V., ob sein Sohn eine Ehe trotz der nahen Verwandtschaft mit Maria von Portugal eingehen konnte, hatte der Papst ohne große Schwierigkeiten die Dispens erteilt, über die biologischen Folgen der Inzucht wusste damals bekanntlich niemand Bescheid.

Maria von Portugal war zwar ein Jahr älter als der Bräutigam, beide waren aber noch halbe Kinder, als sie vor den Traualtar traten. Mit nur 16 Jahren brachte die junge Frau nach einer nicht enden wollenden Geburt zum allgemeinen Entsetzen am 8. Juli 1545 einen missgebildeten Knaben zur Welt. Maria überlebte die Entbindung nur einige Tage. Nicht nur hatten sie die tagelangen Wehen sehr geschwächt, auch die Ärzte trugen mit ihren dubiosen Heilungsversuchen dazu bei, dass sich Marias Zustand schnell verschlechterte. Man ließ die geschwächte Frau ausgiebig zur Ader, setzte ihr Schröpfköpfe an und legte sie stundenlang in Eiswasser, um sie anschließend ausgiebig schwitzen zu lassen. Diese Methoden konnten nur den Tod der jungen Mutter zur Folge haben, der offiziell durch den übermäßigen Genuss von Zitronen herbeigeführt worden war. Zurück blieb der untröstliche jugendliche Ehemann, Philipp hatte seine Cousine tatsächlich geliebt.

Das missgestaltete Kind, das auf den Namen des kaiserlichen Großvaters Carlos getauft wurde, empfand der Vater von Anfang an als Last. Wie sollte dieser Mensch, der als Infant von Spanien geboren war, die Nachfolge des Königs dereinst antreten? Schon in der Wiege wirkte Carlos verwachsen mit seinen ungleichen Schultern, dem verkürzten Bein und dem übergroßen Kopf. Nur wenige Maler waren in der Lage, ein halbwegs ansprechendes Bild von dem Knaben zu malen, das man – wie damals üblich – an andere Königshöfe übersenden konnte, um eine Braut für den Heranwachsenden zu finden. Denn kaum hatte Don Carlos die Kinderschuhe abgestreift, als man sich schon auf die Suche nach einer passenden Braut machte. Dabei war nicht nur das Aussehen des Prinzen hinderlich, denn es hatte sich bereits in halb Europa herumgesprochen, dass der junge Mann nicht nur hässlich war, sondern auch wenig intelligent. Ob dieser Eindruck mit seinem angeborenen Sprachfehler in Verbindung stand, lässt sich nicht mit Sicherheit sagen. Trotz allem war als Braut die französische Königstochter Elisabeth im Gespräch, genauso wie die habsburgische Cousine

Don Carlos als Jugendlicher (ca. 1555 bis 1560)

Anna von Österreich, die Tochter von Kaiser Maximilian II., also auch wieder eine nahe Verwandte.

Alles in allem war das Bild, das man sich im Ausland von dem spanischen Prinzen machte, alles andere als positiv. Zudem tauchten Gerüchte auf, dass Don Carlos ein außerordentlich jähzorniger junger Mann sein sollte, der seine Boshaftigkeit vor allem an jungen Mädchen ausließ. Er schlich angeblich den bedauernswerten Opfern heimlich nach, um sie dann zu Tode zu erschrecken, an den Haaren zu reißen und sie sexuell zu belästigen.

Sein Vater Philipp erkannte entsetzt die negativen Eigenschaften seines einzigen Sohnes, die er, wo es nur ging, auszumerzen versuchte. Obwohl er für den Sohn die besten Lehrer engagiert hatte, konnte man über längere Zeit hinweg kaum einen wirklichen Lernerfolg feststellen. Freilich hinderten Don Carlos die körperlichen Gebrechen, die ihn von Geburt aus belasteten. Dazu kamen immer wieder Fieberschübe, die die Ärzte nicht in den Griff bekamen, denn sie waren sicherlich die Folge einer Malaria-Infektion.

Es erschien wahrscheinlich allen wie ein Glücksfall, als König Philipp endlich das Geheimnis seines Halbbruders Don Juan d'Austria lüftete und dieser einen Platz am spanischen Hof erhielt. Nicht nur er fand sich in Madrid ein, auch die beiden Söhne von Kaiser Maximilian II. hatte man nach Spanien geschickt, da der spanische Hof mit seinem strengen Zeremoniell als vorbildhaft für Europa galt. In Anwesenheit dieser jungen Leute, zu denen auch noch die dritte Gemahlin Philipps, Elisabeth, gehörte, verhielt sich Don Carlos einigermaßen normal.

Es war für König Philipp nicht leicht gewesen, von den Cortes zu erreichen, den Sohn als Fürst von Asturien anzuerkennen, was tatsächlich im Jahre 1560 geschah. Es war natürlich nur ein formaler Akt ohne Konsequenz, da Don Carlos kaum reisefähig war. Obwohl dieser sich wenig um politische Angelegenheiten kümmerte oder sich kümmern konnte, da er in die Politik seines Vaters nicht eingeweiht war, war er sehr enttäuscht, nicht in die Niederlande reisen zu können. Er hatte gehofft, dass der Vater ihm eventuell die Statthalterschaft in Flandern anbieten würde. Die Niederlande waren für Spanien ein heißes Eisen, denn hier prallten ärgste Gegensätze aufeinander: Die freiheitsliebende Bevölkerung, die ihre Religion einzig und allein selbst auswählen wollte, versuchte das rigide spanische Joch abzuschütteln. Ein einfühlsamer Statthalter hätte vielleicht den kommenden 80-jährigen Krieg vermeiden können, nicht aber der undiplomatische und brutale Fernando Álvarez de Toledo, Herzog von Alba, der unter dem Vorwand, den alten Glauben wiederherstellen zu wollen, Öl ins lodernde Feuer in Flandern goss.

Als Carlos erfuhr, dass die Hoffnungen, die er sich gemacht hatte, im Wind zerstoben waren, überfiel ihn eine derartig abartige Wut, dass er eigenhändig das Lieblingspferd seines Vaters niedermetzelte.

Anna von Österreich hätte ursprünglich Don Carlos heiraten sollen, ehelichte nach dessen Tod jedoch ihren Onkel Philipp II.

Als Don Carlos 17 war, verschlechterte sich sein Gesundheitszustand sichtlich. Er hatte wieder einmal die Absicht, einem der Mädchen seines Gesindes nachzuschleichen und es zu belästigen. Dabei übersah er auf der Treppe eine Stufe, woraufhin er so unglücklich stürzte, dass er sich eine schwere Schädelverletzung zuzog, die ihm zeitweise das Augenlicht raubte. Auch die Heilung der Wunden machte keine Fortschritte. Nachdem die zugezogenen Ärzte mit ihrer Kunst am Ende waren, ließ König Philipp den berühmten Anatomen Andreas Vesalius kommen, der den Sohn behandeln sollte. Vesalius war nicht nur der Leibarzt von Kaiser Karl V. und dessen Bruder Kaiser Ferdinand, selbst am französischen Königshof war der Rat des Medicus gefragt und immer wieder gern gehört.

Jetzt setzte König Philipp alle Hoffnung auf diesen weit über die Grenzen des Reiches berühmten Mann. So schnell es in der damaligen Zeit möglich war, wurde er zu dem verletzten Königssohn gerufen. Nach eingehender Untersuchung entschloss sich Vesalius, den Schädel von Don Carlos zu öffnen, um durch das Ableiten der Gehirnflüssigkeit den Druck auf das Gehirn zu vermindern. Außerdem empfahlen die Vertreter der hohen Geistlichkeit, Knochen von Heiligen, die als Reliquien gesammelt wurden, in sein Bett zu legen. Die Heiligen würden bestimmt helfen!

Aber es geschah nichts! Im Gegenteil: Der Zustand des Jünglings verschlechterte sich zusehends, seine Launenhaftigkeit nahm von Tag zu Tag zu, sein aggressives Verhalten verstärkte sich immer mehr. Misstrauisch wie er war, schloss sich Carlos niemandem an, einzig und allein sein „natürlicher" Oheim Don Juan d'Austria, der Stiefbruder von Philipp, gewann sein Vertrauen. Er war ungefähr gleich alt und verstand es, die üblen Launen des Prinzen auszuhalten, ihn zu besänftigen, wenn er wieder, aggressiv wie er war, auf Mensch und Tier losging, wenn er sich wieder gegen seinen Vater auflehnte. Wahrscheinlich bewunderte Don Carlos den schönen Onkel, dessen größten Erfolg in der Schlacht bei Lepanto er allerdings nicht mehr erleben sollte.

Obwohl Don Carlos sich am spanischen Hof frei bewegen konnte, fühlte er sich doch eingesperrt und behindert. Er reagierte auf seine Weise auf die Aufsicht, die im Hintergrund all seine Schritte überwachen sollte: Er trank über die Maßen Wein, ritt seine Lieblingspferde zu Tode, quälte jedes Tier, das ihm unter die Finger kam, und versuchte, Mädchen in seiner Nähe zu vergewaltigen. Dabei zweifelte eigentlich jeder, der seine hohe Stimme hörte, dass er überhaupt potent war. Und da Spanien einen zeugungsfähigen Infanten brauchte, ließ sein Vater Ärzte kommen, die sich, nachdem sie ihm alle möglichen Mittel eingeflößt hatten, von seiner Zeugungsfähigkeit überzeugen sollten. Die Ärzte, aber auch das Mädchen, an dem Carlos seine Männlichkeit beweisen konnte, wurden reich belohnt.

Trotz dieser Erkenntnis nahm König Philipp von dem Gedanken Abstand, eine der Bräute, die für den Sohn vorgesehen waren, tatsächlich nach Spanien kommen zu lassen. Die Verlobung mit Elisabeth von Valois wurde genauso gelöst wie die mit Anna von Österreich. Philipp sprang selbst in die Bresche und heiratete zuerst Elisabeth und nach deren frühem Tod seine Nichte Anna.

Bei Don Carlos rief das Verhalten des Vaters weitere Empörung hervor. Er fasste und verwarf dann wieder mehrere Pläne, wie er sich an dem Vater, den er hasste, rächen könnte. Er hatte die Absicht, heimlich in die Niederlande zu ziehen, um dort eine Revolution gegen die Spanier und den eigenen Vater anzuzetteln. Ungeschickterweise vertraute er diesen Plan seinem Onkel Don Juan d'Austria an, der jedoch seinem Bruder mehr zugetan war als dem charakterschwachen „Neffen". Er informierte Philipp II. über die Pläne seines Sohnes. Die Strafe folgte auf dem Fuße: Don Carlos wurde schon auf der Flucht von den Häschern des Königs eingeholt. Als der junge Mann seine aussichtslose Situation erkannte, wollte er sich vor den Augen des Vaters umbringen. Er verschluckte einen kostbaren Diamantring, da er glaubte, dass dieser todbringend wäre.

König Philipp erwog eine Anklage wegen Hochverrats, ließ aber die Idee wieder fallen und wies dem abtrünnigen Sohn eine Dachkammer im Palast zu, wo er gleichsam weggesperrt war. Don Carlos benahm sich wie wahnsinnig, er verweigerte Essen und Trinken und auch die Kommunion, für den bigotten Vater das größte Verbrechen. Ein Beichtvater wurde ihm zur Seite gestellt, nachdem der Vater es abgelehnt hatte, den inhaftierten Sohn zu besuchen. Dieser Priester glich aber mehr einem Spitzel, denn er horchte den Infanten aus und berichtete dem König haarklein, was der Sohn über ihn gesagt hatte. Darunter auch, dass Don Carlos den Vater am liebsten tot sähe.

Don Carlos schob in so manchem lichten Augenblick die ganze Schuld der Situation, in die er geraten war, dem Vater zu. Er meinte, er sei nicht verrückt, nur verzweifelt, dies allein wäre die Schuld seines Vaters.

Die Tage in der Dachkammer, wo die schreckliche Sommerhitze Spaniens das Leben von Don Carlos zur Hölle machte, waren gezählt. Um etwas Kühlung zu erhalten, ließ er den Boden knietief unter Wasser setzen. Mehrmals versuchte er, seinen Vater zu sprechen, aber König Philipp verweigerte nach wie vor jedes Gespräch mit seinem unglücklichen Sohn. Selbst als ihm berichtet wurde, dass Carlos dem Tode entgegenging, konnte er sich nicht überwinden, dem sterbenden Sohn in die Augen zu schauen. Er informierte sich zwar täglich über den Zustand seines Sohnes, ein Treffen lehnte er aber kategorisch ab.

Woran der Infant von Spanien am 24. Juli 1568 starb, ist bis heute nicht ganz geklärt. Augenzeugen berichteten, dass er Unmengen von stark gewürzten Pasteten zu sich genommen hatte, die viel Durst erzeugten. Angeblich löschte er diesen mit 10 Litern Eiswasser. Vom anschließenden hohen Fieber und einer nicht enden wollende Kolik erholte er sich nicht mehr.

Das erste Opfer der Inzucht wurde im Pantheon der Infanten im Real Sitio de San Lorenzo de El Escorial beigesetzt.

Die Nachwelt hat dem unglücklichen Königssohn durch die Worte des Dichters und durch die Musik ein Denkmal gesetzt.

Verbreitet über halb Europa: Das spanische Hofzeremoniell

Eigentlich waren die habsburgischen Herrscher über Jahrhunderte hinweg durchaus zu bedauern, denn sie waren in einem System gefangen, das nicht sie erfunden hatten, das sie aber unmenschlich perfekt zelebrierten. Philipp der Gute, Herzog von Burgund, war auf die absurde Idee gekommen, die Gottähnlichkeit der Herrschenden in der irdischen Welt für alle sichtbar zu machen. Denn nur gottgewollt konnte es sein, wenn eine Person dazu auserwählt wurde, über Völker und Länder zu regieren. Der Herrscher als Vertreter Gottes auf Erden sollte abgehoben von seinen Untertanen kein Mensch aus Fleisch und Blut sein, sondern ein überirdisches Wesen. Sein Leben sollte sich von Geburt an anders gestalten als das der übrigen Sterblichen, fern aller menschlichen Kontakte thronte der Herrscher im wahrsten Sinn des Wortes in einer anderen Sphäre.

Diese Ideen verbreiteten sich seltsamerweise rasch in halb Europa, obwohl sich gerade im 15. und 16. Jahrhundert eine Abkehr vom eingeengten mittelalterlichen Denken bemerkbar gemacht hatte. Der Mensch hatte sich als Maß aller Dinge in den Mittelpunkt des Daseins gestellt, so dass man hätte annehmen können, dass die enge Verschmelzung des Herrschers mit Gott auf tönernen Füßen stand. Vielleicht wurde gerade das burgundische und später das strenge spanische Hofzeremoniell als Gegenstück zur Öffnung des Geistes gesehen. Suchte der einfache Mensch das Leben lebenswert zu gestalten, indem einer gewissen Freizügigkeit Tür und Tor geöffnet wurde, so begannen die Oberschichten sich Schritt für Schritt zurück-

Porträt von Philipp dem Guten, Kopie eines verlorengegangenen Gemäldes von Rogier van der Weyden

zuziehen, sich vom Volk abzuheben. Die schwarze spanische Tracht mit der steifen weißen Halskrause kam in Mode, die vor allem in Adelskreisen Nachahmer fand. Und so wie das schwarze Wams den Höherstehenden von den einfachen bunt gekleideten Leuten abhob, so entwickelten sich auch in den einzelnen Lebensbereichen starre Vorschriften, die den direkten Zugang der Menschen zu ihrem Herrscher blockierten.

Kaiser Karl V. war der erste Habsburger-Regent, der sein Leben nach diesen Prinzipien auszurichten beabsichtigte. Da er aber niemals lange an einem Ort weilte, war es ihm nicht möglich, das burgundische Zeremoniell, das schon bald das spanische genannt wurde, zur Vollendung zu führen. Dies gelang erst seinem Sohn Philipp, der das Zeremoniell erstmals

Auch die spanische Tracht war Teil des Hofzeremoniells, hier zu sehen am Beispiel der Anna von Tirol.

1548 in Valladolid einführte. Er schlug damit die Tür zu einem unbeschwerten Leben für sich und seine Nachkommen endgültig zu. Wenn der Herrscher ein abgehobenes Leben fern von seinen Untertanen führen sollte, dann sperrte er sich selbst in einen goldenen Käfig, denn die Gesetze und Vorschriften waren für ihn und seine Umgebung bindend.

Aber auch alle anderen mussten sich den Regeln des Zeremoniells beugen. Niemandem war es erlaubt, sich am spanischen Hof frei zu bewegen, jeder hatte zu respektieren und akzeptieren, was der König verfügte. Eine Schar Diener wachte Tag und Nacht, um auf den kleinsten Wink des Königs zur Stelle sein zu können, ein Blick genügte und der entsprechende Lakai führte den Wunsch des Herrschers aus. Kein Wort unterbrach die feierliche, unheimliche Stille, lautlos schlichen die Bediensteten durch die Räume, denn an niemanden richtete der König ein Wort. Seine Wünsche mussten von den Augen abgelesen werden.

Zelebriert wurden natürlich vor allem die täglichen Verrichtungen des Herrschers, wobei für die Einnahme der Mahlzeiten ein wahres Heer an Dienern bereitstand, obwohl Philipp allein zu speisen wünschte. Selbst den jungen Gemahlinnen, die an den spanischen Hof gekommen waren, war es nicht gestattet, mit dem erlauchten Gemahl zu essen. Auch für sie wurde das unmenschliche Zeremoniell nicht durchbrochen.

Alles wurde haarklein einstudiert, jede Geste, jede Körperbewegung, alles wirkte wie in einem Theaterstück ohne Worte.

Schon die Titel der Diener muten grotesk an: So hatte der Obergeschirrmeister für die Tischwäsche und das Tafelgeschirr zu sorgen, dazu kam noch die Oberaufsicht über Brot und Salz, meist auch über Senf und Käse. Wenn sich der König an der Tafel niederließ, war es von großer Wichtigkeit, dass genügend Zahnstocher vorhanden waren – kein Wunder bei den schlechten Zähnen, die für die Herrscher ein echtes Problem darstellten, immerhin waren die Zähne so kostbar wie wertvolle Diamanten.

Frisch gebackenes Brot durfte an der Tafel nicht fehlen, das in einer eigenen, fest verschlossenen Metalldose vom Bäcker angeliefert wurde. Nur der Obergeschirrmeister besaß den Schlüssel für den Behälter, nur er war befugt, das Brot aus der Dose zu nehmen. Er bürgte mit Leib und Leben, dass das Brot nicht vergiftet war, denn nicht nur im 16. Jahrhundert lebten die Herrscher in ständiger Gefahr, vergiftet zu werden, so wie seinerzeit wahrscheinlich der kerngesunde Philipp der Schöne, der Sohn Kaiser Maximilians.

Frisches Obst und Gemüse durften auf der Tafel nicht fehlen, dafür war der Oberfruchtmeister zuständig, der die Früchte kunstvoll anzuordnen hatte, da Philipp II. größten Wert auf Ästhetik legte. Ihm zur Hand ging manchmal der Oberkellermeister, der nicht nur für die Weine zuständig war, die zu den Speisen gereicht wurden. Der Obersaucenmeister stellte die kalten Gerichte zusammen, die meist mit Essig angemacht wurden. Am Hofe Philipps II. liebte man Essig ganz besonders, schrieb man ihm doch gifttötende Wirkung zu – sicher war sicher!

Die verantwortungsvollste Aufgabe fiel dem Oberküchenmeister zu, denn er überwachte nicht nur die Herstellung der Süßspeisen, die bei Hofe besonders beliebt waren, sondern er stellte auch gekonnt die Auswahl von gebratenen Speisen oder gedünstetem Fisch zusammen, wobei es niemals vorkam, dass er nicht sämtliche Gerichte selbst vorkostete.

Wenn der König geruhte, zum Essen zu schreiten, bildete sich eine ganze Prozession von Dienern, auch wenn Philipp ganz allein speiste. Während die Platten und Schüsseln aufgetragen wurden, durfte in den langen Gängen zwischen den Küchen und der königlichen Tafel niemand sitzen, der eine Kopfbedeckung trug. Bei Tisch wurde alles, was der König zu speisen wünschte, vor seinen Augen verkostet. War die Kostprobe zur Zufriedenheit ausgefallen, wurde der Wein in dem königlichen Becher eingeschenkt, der von der Flasche bis zu Philipp durch vier Hände gegangen war.

Während dieser Zeremonie durfte kein Wort gesprochen werden, alles wartete auf die Miene des Herrschers. Man hoffte, auf dem starren Gesicht des Königs kleinste Regungen feststellen zu können, ob das Mahl seine Zustimmung fand. Lediglich am Zucken einer Augenbraue konnte man erkennen, dass die dargebotenen Speisen dem Geschmack des Königs entsprochen hatten. Am Ende des Mahles wurde dem König eine silberne Waschschüssel kniend gereicht, damit er sich die Hände reinigen konnte. Auch das Handtuch wurde ihm von einem knienden Diener, der sich tief verbeugte, dargeboten.

Dass die Liebesnächte des Königs streng nach Protokoll abliefen, war nicht verwunderlich. Stunden vorher war der Quartiermeister über das bevorstehende intime Ereignis informiert, da der König den Wunsch, der körperlichen Lust zu frönen, bereits zuvor geäußert hatte. Spontaneität und Romantik gab es auch in dieser Hinsicht nicht. Es war für die auserlesenen Diener immer ein Ereignis, wenn jede einzelne Tür zu den Schlafgemächern mit ganz speziellen Schlüsseln aufgesperrt wurde. Außer dem Quartiermeister, der eine verantwortungsvolle Rolle in den kommenden Stunden spielte, wusste natürlich eine Schar von Bediensteten darüber Bescheid, wann und wie lange Philipp II. mit der Königin schlafen wollte. Die pikante Angelegenheit beflügelte die Phantasie der Lakaien, die wahre Wunderdinge über die Potenz des Königs verbreiteten.

König Philipp II. in seiner Rüstung, ca. 1580

Nach getaner „Arbeit“ verließen König und Königin getrennt das Beilager, um sich in die jeweiligen Gemächer zurückzuziehen, da Philipp II. im Allgemeinen allein zu schlafen geruhte.

Auch dann war er von einem Heer von dienstbaren Geistern umgeben, die ihm den geringsten Wunsch geflissentlich von den Augen ablasen. Der Primer Sumiller de corps, vor der Einführung des Zeremoniells der Oberstkämmerer, trug als Zeichen seiner Würde einen goldenen Zeremonienschlüssel; ihm kam die Aufgabe zu, den König zu wecken und schließlich auch zu Bett zu bringen. Das An- und Ausziehen allerdings besorgte der Leibkammerdiener, der außerdem Philipp beim Waschen zur Hand ging.

Der spanische König galt in seiner Jugend als ausgesprochen attraktiv mit seinem vollen rötlichen Haar und der schlanken Gestalt. Allerdings bewirkte die Unmäßigkeit im Essen und Trinken im Laufe der Jahre, dass er von allen möglichen, höchst unangenehmen Krankheiten befallen wurde, die ihm immer mehr zu schaffen machten. Je mehr körperliche Unpässlichkeiten sich einstellten, desto mehr zog er sich in sich selbst zurück. Seine Unzugänglichkeit wirkte sich auch auf die Umgebung aus, da es allmählich zur Gewohnheit wurde, dass man dem König Bitten oder Gesuche nur kniend überreichen durfte. Philipp erstarrte in einer Art Gottähnlichkeit, die von jedem Untertan respektiert werden musste und die schon bald Nachahmer in ganz Europa fand. Der König war der Stellvertreter Gottes auf Erden.

Seltsamerweise empfand man in der Beibehaltung des Zeremoniells nicht etwa etwas Abzulehnendes, das jeden natürlichen Lebenswandel unterdrückte. An den einzelnen Fürstenhöfen, aber besonders am Wiener Kaiserhof legte man größten Wert darauf, dass die traditionellen Vorschriften, die aus Spanien kamen, genau eingehalten wurden. Erst der modern denkende Kaiser Joseph II., der geniale Sohn Maria Theresias, versuchte das verstaubte Zeremoniell, unter dem er lange Jahre persönlich gelitten hatte, abzuschaffen. Für seine Mutter, die in vielen Dingen revolutionär denkende Kaiserin, war das Hofzeremoniell eine wichtige Stütze, die sie durch ihre Bigotterie noch einengte.

Unter Kaiser Franz II. (I.), dem Nachfolger Josephs II., der nach den napoleonischen Kriegen nur mehr über Österreich und Ungarn herrschte, kam es zum Wiederaufleben der strengen Vorschriften, die allerdings von

Der spätere Kaiser Rudolf verbrachte als Kind mehrere Jahre in Spanien.

den vier angetrauten Gattinnen des Kaisers unterschiedlich befolgt wurden. Obwohl sich die Kaiser Franz und Ferdinand I. betont volksnah gaben, war das tägliche Leben bei Hof denkbar reglementiert. Einige der starren Zeremonien hatten die Jahrhunderte überdauert, die am Wiener Hof auch noch unter Kaiser Franz Joseph praktiziert wurden. So durfte noch zu Beginn des 20. Jahrhunderts niemand, dem eine Audienz beim Kaiser gestattet war, Franz Joseph den Rücken zukehren.

Dass Sisi, die freiheitsliebende, unkonventionell erzogene Gemahlin des Kaisers sich gegen das verstaubte Zeremoniell auflehnte, war nur zu verständlich. Wahrscheinlich wäre ihre Ehe glücklicher verlaufen, hätte Franz Joseph den Mut gefunden, den Staub der Jahrhunderte abzuschütteln und frische Luft in die Hofburg hineinzulassen.

Das Hofzeremoniell, das in Spanien praktiziert wurde, galt in halb Europa als vorbildlich. Daher gehörte es für einflussreiche Adelige geradezu zum guten Ton, die Söhne an den spanischen Hof zu schicken, wo sie den letzten Schliff bekommen sollten. Auch Kaiser Maximilian II. schickte seine Söhne Rudolf und Ernst nach Spanien, obwohl der modern denkende Kaiser keineswegs ein Freund seines Schwagers war. Vor allem die Bigotterie Philipps stieß bei Maximilian auf wenig Verständnis, da der Kaiser im Geheimen große Sympathien für die Protestanten empfand. Aber seine Gemahlin Maria, eine Schwester Philipps II., überzeugte Maximilian, dass zwei der sechs Söhne des Kaiserpaares, der zukünftige Kaiser Rudolf und einer seiner jüngeren Brüder, unter die Obhut Philipps gestellt werden sollten. In Spanien würden sie die beste Ausbildung bekommen.

Was Maximilian II. befürchtet hatte, trat ein: Nicht Weitsicht und Toleranz lernten Rudolf und sein Bruder am spanischen Hof kennen, sondern Starrheit und Arroganz.

Schaute die halbe Welt nach Spanien und imitierte die unsinnigen Vorschriften, so entwickelten die französischen Könige einen eigenen Stil, der unter Ludwig XIV. seine volle Blüte erreichte. Auch in Frankreich regierte der König absolut, auch er hatte einen riesigen Hofstaat für alle Lebensbereiche, was er aber nicht hatte, war die starre Bigotterie und die Düsterkeit, die sich daraus ergab. Der französische Hof sprühte vor bunter sinnlicher Lebensfreude, deren Vorbild der König selbst war.

Denn vieles, was sich in Spanien im Verborgenen abspielte, wurde am französischen Königshof in aller Öffentlichkeit praktiziert. Allein die Zeremonien beim „Lever“ des Königs waren im ganzen Land Tagesgespräch, denn Ludwig XIV. gestaltete schon das Ankleiden am Morgen zu einer Zeremonie. Eine Handvoll Diener wurde beauftragt, dem König in jeder Weise behilflich zu sein, jedes Kleidungsstück wurde ihm von einem anderen dienstbaren Geist gereicht, jeder Schritt war genau berechnet – und alles wurde dem Volk haarklein berichtet. Der König war eine öffentliche Marionette, tanzte aber nach seinen eigenen Vorstellungen.

Herrschte im spanischen Hofzeremoniell die Farbe Schwarz vor, so gestaltete man das Leben in Paris und Versailles einladend bunt. Lebensfreude stand auch in düsteren Zeiten auf der Tagesordnung, heiter sollte das

Leben der Herrschenden sein. Hatte König Philipp II. bekanntermaßen im Geheimen immer wieder im Laufe der Jahre und Jahrzehnte Affären mit willigen Damen, so waren die Mätressen Ludwigs XIV. allgemein bekannt, ja sie befriedigten nicht nur die sexuellen Gelüste des Königs, sie mischten auch munter in der Politik mit, so dass sie mit Fug und Recht als heimliche Herrscherinnen bezeichnet werden konnten.

Seltsamerweise blieb Spanien über Jahrzehnte hinweg in puncto Etikette ein Vorbild für halb Europa. Selbst in England, das sich durch Heinrich VIII. von den starren Vorschriften Roms gelöst hatte, gehörte es zum guten Ton, bestimmte, teilweise unsinnige Verhaltensvorschriften zu beachten, die ein normales Leben einengten.

Regieren war ihm zu mühselig: König Philipp III.

König Philipp II. hatte die 50 bereits überschritten, als ihm endlich in seiner vierten Ehe ein Sohn geschenkt wurde, der nach dem frühzeitigen Tod von Don Carlos seine Nachfolge antreten konnte. Der lang ersehnte Knabe wurde als Philipp III. nach dem Vater getauft. Man hoffte inständig, dass das Schicksal mit dem Kind gnädig sein würde, denn Geschwister, die vor ihm auf die Welt gekommen waren, hatten meist die ersten Wochen nicht überlebt.

Der Knabe Philipp war allerdings nicht gerade ein Prachtexemplar von einem Prinzen und voll Sorge erkannte der Vater, dass seine Nachfolge auf wackeligen Beinen stand. Schwächlich und introvertiert, kümmerte sich der dritte Philipp wenig um Politik, wenngleich der Vater immer wieder versuchte, den Sohn in die strategischen Geheimnisse der Staatslenkung einzuweihen. Der Prinz ließ den Vater schalten und walten und fügte sich, wo immer es nötig war. König Philipp II. erkannte sehr bald, dass der von ihm geleitete Sohn wohl kaum der richtige Herrscher in dieser turbulenten Zeit sein würde. Sein bedauernder Ausspruch, warum ihm Gott zwar viele Reiche, aber keinen regierungsfähigen Sohn geschenkt hatte, machte in ganz Spanien die Runde. Ja, er führte sogar dazu, dass manche Zeitgenossen selbst dem verstorbenen Don Carlos mehr politische Kompetenzen eingeräumt hatten.

Die Ehe Philipps II. mit seiner Nichte Anna von Österreich hatte letztlich nur einen Zweck gehabt: möglichst viele Kinder, vor allem Söhne zu zeugen. Aber erst der fünfte Sohn Philipp überlebte das Kleinkindalter, sodass sein Vater frühzeitig begann, geeignete Lehrer für ihn auszusuchen, die vor allem Philipp in religiöser Hinsicht betreuen und formen sollten. Der König kümmerte sich persönlich um die Entwicklung seiner Kinder und überprüfte die Lernfortschritte in den Sprachen Latein, Französisch und Portugiesisch in regelmäßigen Abständen, genauso wie in den allgemeinbildenden Fächern, von denen der Sohn nicht allzu begeistert war. Wie viel Einfluss die österreichische Mutter hatte, ist bei den Chronisten nicht ausführlich vermerkt. So wie alle Prinzen der Zeit wurde auch Philipp III. von außenstehenden Personen unterrichtet, zu denen Garcia de Loaysa und Juan de Mariana, der sich um die religiösen Belange kümmerte, zählten. Da es sich bald abzeichnete, dass Philipp in jeder Hinsicht lenkbar war, war eine Stelle „am Ohr des Knaben" besonders begehrt. Den machthungrigen Intriganten waren Tür und Tor geöffnet.

Schon sehr bald stellte man dem jungen Prinzen Francisco Gómez de Sandoval y Rojas vor, den raffinierten Marquis von Denia, der als Herzog von Lerma Philipp jahrelang begleitete. Sandoval y Rojas verstand es, sich zum unentbehrlichen Ratgeber des Prinzen zu machen, wobei Philipp nicht sofort bemerkte, welche persönlichen Absichten hinter dessen Ratschlägen standen. Als immer offensichtlicher wurde, welchen undurchsichtigen Einfluss der junge Mann auf seinen Sohn ausübte, schickte Philipp den Herzog kurzerhand im Jahr 1595 als Vizekönig nach Valencia. Jeder andere hätte sich wahrscheinlich geschmeichelt gefühlt, den Posten eines Vizekönigs zu erhalten. Nicht jedoch Sandoval y Rojas, der fürchtete, durch die Entfernung seinen Einfluss auf den zukünftigen König zu verlieren. Raffiniert wie er war, gelang es ihm, durch simulierte Krankheiten den König zu bewegen, ihm die Rückkehr zu erlauben. Der Herzog verstand es meisterlich, sich sowohl beim Vater, dem König, als auch bei dessen Sohn unentbehrlich zu machen. Auf Grund seiner „Verdienste" um die spanische Krone ernannte ihn König Philipp II. schließlich zum Erzbischof. So war gewährleistet, dass Sandoval y Rojas auch nach dem Tod des Königs für den Sohn unentbehrlich wurde.

Spanien stand gegen Ende des Jahrhunderts am Höhepunkt seiner Macht. Die Kolonien wurden rücksichtslos ausgeplündert und man erkannte nicht,

König Philipp III. von Spanien

dass es durch die Schiffsladungen von Gold und Silber aus den überseeischen Gebieten zu einer gewaltigen Inflation kommen musste. Seit der Entdeckung und Inbesitznahme der neuen Länder schöpfte man bedenkenlos aus dem Vollen. Noch zeigten sich die Folgen der grenzenlosen Verschwendung nicht, die sich in späteren Jahren katastrophal auswirken sollte.

Der Knabe Philipp entwickelte sich zu einem wenig attraktiven jungen Mann, der Bewegung in der freien Natur bevorzugte. Wie die Wilde Jagd ritt er bis zur völligen körperlichen Erschöpfung, etwas, was sein kontemplativer Vater keinesfalls guthieß, da der nicht allzu große Prinz eher schwächlich wirkte. Wenn er auch keine Schönheit war, sein einnehmendes Wesen schuf ihm nicht nur in seiner Umgebung Freunde. Diese Charaktereigenschaft musste er von seiner österreichischen Mutter geerbt ha-

Reiterporträt des Herzogs von Lerma von Peter Paul Rubens

ben, denn der einsilbige Vater war eher gefürchtet als beliebt. Da alles Leben auf Grund des spanischen Hofzeremoniells reglementiert und eingeschränkt war, beschränkten sich auch die Aktivitäten des jungen Mannes auf ein Minimum, wobei die Chronisten seine Esslust besonders hervorhoben. Philipp liebte üppiges Essen, zu dem die besten Weine Spaniens nicht fehlen durften.

Wie es in den verschiedenen Herrscherhäusern üblich war, beschäftigten sich die Eltern schon sehr bald mit Heiratsplänen für ihre Sprösslinge. Verschiedene Voraussetzungen waren von vornherein zu erfüllen, wobei an erster Stelle die religiöse Einstellung stand. Für Philipp und seine Schwestern kamen nur erzkatholische Heiratskandidaten in Frage und die waren im damaligen Europa nicht so leicht zu finden. Freilich hätte man in Frankreich immer wieder gebildete und gutaussehende Prinzessinnen finden können, die das blaue Blut der Habsburger aufgefrischt hätten, aber zu tief waren die Kontroversen mit Frankreich im Gedächtnis. Erst nachdem sich die politischen Wogen mit Frankreich unter König Heinrich IV. und Maria de Medici geglättet hatten, konnte man eine eheliche Verbindung mit den Franzosen näher in Betracht ziehen.

Aber Philipp II. brauchte nicht lange zu überlegen, sein Cousin Karl von Innerösterreich hatte mit seiner bayerischen Gemahlin Maria genügend heiratsfähige Töchter, wobei er gleich drei Mädchen ins Auge fasste. Allerdings starben Katharina Renate und Gregoria Maximiliane, die ein pockennarbiges Gesicht und eine verwachsene Schulter hatte, noch bevor irgendwelche Heiratsverträge zustande gekommen waren. Übrig blieb die junge Margarete, wenn auch keine Schönheit, so doch mit einem liebenswürdigen Wesen ausgestattet. Dass sie die steirische Heimat für immer verlassen musste, stimmte sie zwar traurig, aber die Aussicht, den reichsten zukünftigen Herrscher in Europa zum Gemahl zu bekommen, milderte ihren Abschiedsschmerz. Ein kleiner Trost für das junge Mädchen war auch die Tatsache, dass es sich die Mutter nicht nehmen ließ, ihre Tochter auf der Brautfahrt nach Spanien zu begleiten. Denn eine Reise von der Steiermark bis ins ferne Spanien war ein gefährliches Abenteuer. Sieben Monate dauerte die Reise der Damen, wobei es beinah tagtäglich zu gefährlichen Situationen kam, denen ein junges Mädchen ohne Gefolge sonst schutzlos ausgeliefert gewesen wäre. So war es doch eine Beruhigung, die Mutter zur Seite zu wissen.

Papst Clemens VIII. erwartete die Braut in Ferrara, wo die Hochzeit per procurationem stattfand, wobei Philipp, der in der Zwischenzeit zum König gekrönt worden war, von Erzherzog Albrecht, dem Bruder der Braut, vertreten wurde. In Genua stach die Flotte, die aus 40 Galeeren bestand, in See, wobei jeden Tag um gutes Wetter und ruhige Überfahrt gebetet wurde. Endlich erreichten die Schiffe Valencia, wo Braut und Bräutigam sich zum ersten Mal gegenüberstanden. Obwohl König Philipp II. kurz vorher die Augen für immer geschlossen hatte, übertrafen die Hochzeitsfeierlichkeiten alles bisher Dagewesene. Niemals hätte man sich zu Lebzeiten König Philipps II. ein derartig kostspieliges, luxuriöses Fest vorstellen können, das die ungeheure Summe von einer Million Dukaten kostete. Ganz Spanien war in einen Freudentaumel gefallen, das Volk feierte die Hochzeit des jungen Königs mit Begeisterung. Es war, als wäre man plötzlich von einer unbekannten Last befreit worden.

Obwohl diese Ehe so wie alle anderen in den Herrscherhäusern aus rationalen Gründen zustande gekommen war, entwickelten der 14-jährige Philipp und die 15-jährige Margarete schon bald eine innige Zuneigung zueinander. Beide waren aufgeschlossene junge Leute, die es liebten, alles gemeinsam zu machen. Nichts sollte sie trennen.

Es war trotz aller Sympathie, die Margarete ihrem jungen Ehemann entgegenbrachte, für sie in vielerlei Hinsicht nicht leicht, sich an die spanischen Sitten und Gebräuche anzupassen. In ihrer kurzen Ehe vermisste sie doch vieles, was ihr in ihrer österreichischen Heimat lieb gewesen war. Natürlich erkannte auch ihr Gemahl die Sehnsucht nach ihrer österreichischen Familie. Und um ihr wenigstens etwas Trost zu gewähren, unterstützte er ab dem Jahr 1600 großzügig seinen habsburgischen Schwager in Österreich.

Nachdem Margarete Philipp einen Sohn geboren hatte, wurde die Beziehung der beiden noch intensiver, als ahnten sie, dass ihr Glück nicht mehr lang dauern würde. Der Tod unterschied nicht Arm und Reich, auch die Königin von Spanien starb wie üblich mit nur 26 Jahren bei der Geburt eines Kindes.

Margarete von Österreich, Gemälde von González y Serrano, Anfang 16. Jahrhundert

Der englische König Charles I. in seinen Jugendjahren, Daniel Mytens, ca. 1623

Margarete war eine sozial denkende junge Frau gewesen, die es auch als Königin nicht verabsäumt hatte, sich um Arme und Kranke zu kümmern, was für eine Herrscherin in der damaligen Zeit eher unüblich war. Mit ihren Vorstellungen geriet sie allerdings dem allmächtigen Favoriten Philipps, dem Herzog von Lerma, in die Quere, der als Günstling des Königs die Absicht hatte, die Geschicke Spaniens nach seinen Vorstellungen zu lenken, auch weil der Herrscher selbst kein Interesse zeigte, sich um die wichtigsten Probleme zu kümmern.

Margarete durchschaute die Machenschaften des korrupten Herzogs und versuchte, seine Absetzung herbeizuführen. So sehr König Philipp III. die Ratschläge seiner politisch interessierten Frau schätzte, bei dem Thema „Sandoval y Rojas" stieß sie auf taube Ohren. Vielleicht fürchtete er auch zunehmend den Einfluss der Beichtväter seiner bigotten Gemahlin, auf die Margarete durchaus hörte. So sehr sich die Ehefrau des Königs auch bemühte, gelang es ihr letztlich nicht, Sandoval y Rojas absetzen zu lassen, lediglich seinen Zögling Rodrigo Calderón, der durch unzählige Skandale bekannt geworden war, ließ sie vom Hof entfernen. Böse Gerüchte wollten nicht verstummen, dass Calderón aus Rache die Königin umgebracht hätte.

Philipp III. war ein treuer Ehemann, im Gegensatz zu seinem Sohn und Nachfolger Philipp IV. Margarete hinterließ bei ihrem Tod einen tieftraurigen Ehemann, zwei Töchter und einen Sohn.

Die Töchter Philipps III. waren wegen ihrer Schönheit in ganz Europa berühmt, daneben wusste man natürlich auch, welch bemerkenswerte Mitgift sie in die Heiratswaagschale werfen würden. Immerhin galt der Vater als reichster Herrscher des Jahrhunderts. Was fehlte, waren katholische Prinzen für die spanischen Prinzessinnen. Schon früh schaute sich daher Philipp III. nach einem passenden Bräutigam für seine Tochter Maria Anna um. Was er dabei nicht wusste, war die Tatsache, dass der englische Kronprinz Charles schon längere Zeit mit dem Gedanken spielte, die reiche schöne Spanierin heiraten zu wollen, die zu dem Zeitpunkt allerdings schon dem ältesten Sohn von Erzherzog Karl versprochen war. Der Tod schien Charles die Türen zu öffnen, denn der 14-jährige habsburgische Bräutigam starb noch vor Abfassung eines Ehevertrags.

Es war seltsam, dass ein Anglikaner in die Bresche springen wollte. Aber Charles, der Sohn des englischen Königs Jakob I., hatte durch Zufall das schöne Mädchen aus der Ferne gesehen und da er von dem jungen Mädchen so hingerissen war, wollte er versuchen, die religiösen Hindernisse zu überwinden; ja er war sogar gewillt, dem spanischen König große Zugeständnisse zu machen. Auf alle Fälle wollte er sein Glück versuchen. Zusammen mit einem engen Freund, dem Herzog von Buckingham, machte er sich auf den Weg nach Spanien, er hatte die Absicht, Maria Anna inkognito kennenzulernen. Dies war leichter geplant als ausgeführt. Durch Diener hatte Charles erfahren, dass sich Maria Anna jeden Mittag im Schlossgarten aufhielt. Durch eine Lücke in der Mauer war es dem englischen Prinzen möglich, einen Blick auf die Auserwählte zu werfen. Nachdem er genug gesehen hatte, überwand er mit einem Schwung die Schlossmauer und stand plötzlich vor Maria Anna, die vor Entsetzen in Ohnmacht fiel. Als sie in den Armen des Prinzen aufwachte, schrie sie gellend um Hilfe. Jetzt war es für Charles an der Zeit, sein Inkognito zu lüften und um die Hand Maria Annas bei Philipp IV., dem Bruder der Prinzessin, der die Nachfolge des Vaters angetreten hatte, anzuhalten. Obwohl man dem englischen Gast durchaus gewogen war, scheiterten alle Verhandlungen, da sich Maria Anna weigerte, einen Anglikaner zu ehelichen, und Charles seinerseits nicht gewillt war, zum Katholizismus zurückzukehren. Auch der Papst hätte eine Ehe der beiden begrüßt, durch eine Dispens gab er zu erkennen, dass er hoffte, die Heirat würde England wieder zum Katholizismus zurückkehren lassen.

Charles genoss die spanische Gastfreundschaft, er war von den glänzenden Festen, die man ihm zu Ehren veranstaltete, ungewöhnlich beeindruckt, selbst der Stierkampf faszinierte ihn, denn der König selbst stieg in die Arena.

Es dauerte jedoch geraume Zeit, bis Charles die Aussichtslosigkeit seines Unterfangens einsah. Unverrichteter Dinge zog er ab nach Paris, wo er eine der Bourbon-Prinzessinnen zur Frau nahm. Sein Leben endete tragisch: Er wurde in London geköpft.

Maria Anna war inzwischen kein Kind mehr und auch ihr Bruder wusste, dass sie in der nächsten Zeit einen Ehemann finden musste, wollte sie nicht hinter Klostermauern ihr Leben beschließen. Aber wozu gab es den österreichischen Zweig der Familie?

Es war wohl im gegenseitigen Interesse, dass sich schließlich ein Bräutigam für Maria Anna fand: der dritte Sohn des habsburgischen Kaisers Ferdinand II. Allerdings zogen sich die Heiratsverhandlungen über Jahre hin, die Mitgift musste streng geregelt werden, immerhin heiratete eine Prinzessin aus dem reichen spanischen Königshaus einen jungen Mann, der außer den Königskronen von Böhmen und Ungarn und später der Kaiserkrone nicht viel zu bieten hatte. So wie üblich, entwickelten sich lange Kontroversen um den Beichtvater für die junge Braut, von österreichischer Seite favorisierte man einen Jesuiten, den aber Maria Anna kategorisch ablehnte. Schließlich setzte sie durch, dass sie ihren Kapuzinerpater Franciscus Diego Giroga in die neue Heimat mitnehmen konnte.

Maria Anna, porträtiert von Diego Velázquez

Maria Annas Vater König Philipp III. erlebte die Hochzeit seiner Tochter nicht mehr, die nötigen Dokumente wurden von seinem Sohn und Bruder der Braut, von König Philipp IV. unterzeichnet, wobei in einem eigenen Vertrag zugesichert wurde, dass Maria Anna die Rechte auf den spanischen Thron behalten sollte. Die Brautfahrt Maria Annas dauerte 14 Monate, in denen sie oftmals in Lebensgefahr schwebte. Man befand sich im Dreißigjährigen Krieg und niemand in der weiten Welt konnte vorhersagen, was sich in den nächsten Monaten ereignen würde. Die Unsicherheit vor allem für ein junges Mädchen war groß, überall, wo Maria Anna mit ihrem großen Gefolge an Land ging, lauerten Gefahren. Als sie schließlich bei ihrem Bräutigam angekommen war, der sie aufs Herzlichste begrüßte, konnte sie sich halbwegs in Sicherheit wiegen.

Porträt von Ambrosio Spinola, Anthony van Dyck, ca. 1628

Obwohl der verheerende Krieg an allen Ecken und Ende zu spüren war, dauerten die Hochzeitsfeierlichkeiten 14 Monate und kosteten 365.280 Gulden.

In den nächsten Jahren sahen sich die Eheleute höchst selten, was sowohl Ferdinand, der nach seinem Vater gleichen Namens Kaiser geworden war, als auch Maria Anna aufs Höchste bedauerten, denn sie fühlten nicht nur einen Gleichklang der Seelen, sie fühlten sich in tiefer Liebe verbunden. Ferdinand liebte das fröhliche, unkomplizierte Wesen seiner Gemahlin, die er während seiner Abwesenheit aus den österreichischen Ländern als Regentin einsetzte, da er Maria Annas politisches Geschick überaus schätzte. Höhepunkt im Leben Anna Marias war sicherlich ihre Krönung zur Kaiserin im hohen Dom zu Regensburg.

Hatte man sich im Volk eher ein düsteres Bild von der „Spanierin" gemacht, so gewann sie in kürzester Zeit auch die Herzen der kleinen Leute, die sie auf Grund ihrer Frömmigkeit beinah anbeteten: „Ora pro nobis, sancta Imperatrix", hieß der Wahlspruch.

Umso entsetzter war man landauf landab, als es hieß, die beliebte Kaiserin war an einer Schwangerschaftsvergiftung in Linz gestorben. Das Kind, dessen Geburt unmittelbar bevorstand, schnitt man aus ihrem toten Leib heraus. Es hatte aber trotzdem keine Überlebenschance.

Im Ordenskleid der Karmeliterinnen wurde die Kaiserin zusammen mit ihrem Kind beigesetzt. Als man vor Jahrzehnten den Sarkophag öffnete, fand man nur noch vermoderte Kleiderreste und einen roten Haarschopf.

Während der Regierungszeit von König Philipp III. änderte sich das Regierungskonzept grundlegend. Da der König kaum Wert darauf legte, politische Entscheidungen selber zu treffen, blühte das „Valido-tum", das heißt, der Günstling des Königs hatte eine Machtposition, die weit über seine Kompetenzen hinausging. Dabei verfolgte Philipp eigentlich nicht die Absicht, vor allem die schriftlichen Entscheide anderen zu überlassen, da er Schreibarbeiten im Allgemeinen liebte. Aber allmählich glitt ihm vieles aus den Händen, der jeweilige Valido, der bevorzugte Günstling, machte die Politik. Durch königliche Befehle waren alle dazu angehalten, dem Herzog von Lerma zu gehorchen und auf dessen Rat zu hören.

Dies ging so lange gut, bis Sandoval y Rojas in seinem grenzenlosen Ehrgeiz immer mehr Macht an sich riss. Auch in den Niederlanden hatten sich ehrgeizige Männer wie der spanische General Ambrosio Spinola die Aufgabe gestellt, den Widerstand endgültig zu brechen, ohne allerdings den König über seine Pläne zu unterrichten. Natürlich landeten alle Unterlagen zu diesem Unterfangen bei Sandoval y Rojas, der Spinola wegen seiner nicht standesgemäßen Geburt verachtete. Der König wurde immer mehr zur Marionette, der wenig Ahnung hatte von den Zuständen, die in dem Riesenreich herrschten.

In Oberitalien waren die politischen Agenden dem Grafen von Fuentes als Gouverneur der Lombardei übertragen, einem besonderen Günstling des Königs, und in Unteritalien und Sizilien herrschte als Vizekönig der Herzog von Osuna, diesmal mit Sandoval y Rojas aufs Engste verbunden.

Er kümmerte sich wenig um die politischen Entscheidungen des Königs, da er dabei war, eine schlagkräftige Privatarmee aufzubauen, wobei die Neapolitaner unverhältnismäßig rigide zur Kasse gebeten wurden. Eine Revolte stand bevor. Dazu kam die Abwertung der spanischen Währung. Nicht machtbesessene Günstlinge hätte das gewaltige Reich dringend gebraucht, sondern einen starken Herrscher, der es verstanden hätte, wichtige Entscheidungen für die Zukunft zu treffen. Aber dazu war Philipp III. auf keinen Fall in der Lage.

Eine absolute Fehlentscheidung des jungen Königs war sicherlich die Vertreibung der Morisken, die schon unter seinem Vater begonnen hatte. Es war verhängnisvoll, dass Philipp III. auf Juan de Ribera, den Erzbischof und Vizekönig von Valencia, hörte, der damit spekulierte, die Besitzungen und das Vermögen dieses Teils der spanischen Bevölkerung einzuziehen. Die Morisken waren seit längerer Zeit schon zum katholischen Glauben konvertiert, ohne allerdings ihre muslimische Lebensweise aufzugeben. Da sie fleißige Leute waren, hatten sie es zu einem bescheidenen Wohlstand gebracht. Durch das königliche Dekret, das im Jahr 1611 erlassen wurde, wurden ungefähr 300.000 Menschen zwangsenteignet und in den Jahren zwischen 1609 und 1614 aus Spanien vertrieben. 30.000 Soldaten wurden rekrutiert, die die Moriskenfamilien nach Nordafrika bringen sollten. Nur Kinder unter sieben Jahren sollten in Spanien bleiben und als christliche Kinder erzogen werden. So ordnete dies der König höchstpersönlich an.

Die Vertreibung dieser arbeitsamen Menschen führte keineswegs zum Erfolg. Ganz im Gegenteil, die Wirtschaft wurde geschwächt, weite Teile des Landes lagen brach, da man nicht genügend Arbeitskräfte hatte, um den Verlust der Landarbeiter auszugleichen.

Wie immer in wirtschaftlichen Krisen wurden die Abgaben erhöht, was natürlich besonders die niederen Schichten betraf. Dazu kamen Missernten, Unwetterkatastrophen und in den Jahren 1599 und 1600 wütete die Beulenpest. Alles in allem war die Situation in Spanien keineswegs rosig, vor allem, weil es an unbestechlichen Mitarbeitern des Königs fehlte. Da Spanien finanziell erschöpft war, kam es zur vorübergehenden Beendigung der Kriege in den Niederlanden und mit England.

Der Glanz der spanischen Krone verlor immer mehr an Leuchtkraft, ob-

Die Vertreibung der Morisken im Hafen von Denia, Vicente Mostre, 1613

wohl die Person des spanischen Königs im Reich immer noch großes Ansehen hatte. Trotzdem kam er für die deutschen Kurfürsten als Kaiserkandidat nicht in Frage, obwohl er seinem habsburgischen Verwandten Ferdinand seine finanzielle Unterstützung bei den Unruhen in Böhmen in den Jahren 1618/1619 zugesagt hatte. Überall machten sich Rebellionen und Aufstände breit, nicht nur in den ewig unruhigen Niederlanden. Die Religionsstreitigkeiten eskalierten im Reich, indem die Protestanten einen Gegenkönig ernannten, Friedrich von der Pfalz, der in der Schlacht am Weißen Berg bei Prag vernichtend geschlagen wurde.

Philipp III. hatte – man könnte es beinahe so nennen – Glück im Unglück, dass er im Jahr 1621 nach 23 Regierungsjahren unvermutet starb. Ein Leben lang hatte er viel zu üppig gegessen und getrunken, obwohl ihn die

Ärzte zum Maßhalten aufgefordert hatten. Aber er konnte Delikatessen, die eigens für ihn zubereitet wurden, einfach nicht widerstehen. Es nahm nicht wunder, dass er schon über längere Zeit an allen möglichen, für diese Zeit typischen Beschwerden und Leiden litt. Trotzdem kam sein Tod für alle, vor allem für seine Günstlinge, überraschend, so dass ein großes Rätselraten über seinen Tod ausbrach. Die wildesten Gerüchte kursierten nicht nur in Spanien. Die These, dass Philipp durch eine heiße Pfanne mit Holzkohle getötet wurde, weil kein Diener anwesend war, der diese rechtzeitig entfernte, war ein Scherz des französischen Botschafters in Bezug auf das strenge spanische Hofzeremoniell. König Philipp III. starb am 31. März 1621.

Eine spanische Habsburgerin wurde Königin von Frankreich: Anna von Österreich

Einer stürmischen kalten Dezembernacht hatte der französische Sonnenkönig sein Leben zu verdanken, in der sich seine Eltern, König Ludwig XIII. und dessen Ehefrau Anna von Österreich, überraschenderweise zu einem intimen Stelldichein im Pariser Louvre eingefunden hatten. Schon lange war die ohnehin nicht unbedingt glückliche Beziehung der beiden zerbrochen, der König schob die Schuld an den nicht lebensfähigen Kindern, die sie zur Welt gebracht hatte, seiner Gemahlin zu und strafte sie nach jeder Totgeburt mit noch mehr Verachtung. Dabei hätte Ludwig von Glück sprechen können, eine so attraktive Gemahlin zu haben, die in ganz Europa nicht nur ihrer makellosen Hände wegen bewundert wurde. Eine schönere Prinzessin fand man nirgendwo.

Die umstrittene Mutter Ludwigs Maria de Medici hatte die Ehe auf Anraten ihres Intimus Concino Concini zustande gebracht, als sowohl Ludwig als auch Anna noch in den Kinderschuhen steckten. Eine vorsichtige politische Annäherung an Spanien sollte durch diese Heirat besiegelt werden, damit die ewigen Kämpfe endlich der Vergangenheit angehörten.

Am 21. November 1615 fand in der Kathedrale Saint André in Bordeaux eine regelrechte Kinderhochzeit statt, bei der der 14-jährige König von Frankreich seiner gleichaltrigen spanischen Braut Anna das Ja-Wort gab. Gleichzeitig fand auch die Hochzeit Philipps, des Bruders der Braut, statt, der Elisabeth, die älteste Tochter des französischen Königs Heinrich IV.

Heirat zwischen Kindern: Ludwig XIII. und Anna von Österreich

zum Altar führte. Maria de Medici, die nach der Ermordung ihres Mannes im Jahre 1610 die Regentschaft in Frankreich übernommen hatte, war entschlossen, die absolute Macht im Staate weiterhin auszuüben, wobei sie von ihrem Günstling Richelieu tatkräftig unterstützt wurde. Ihr Herrschaftsanspruch wurde zunächst durch ihren minderjährigen Sohn nicht gefährdet, ja man billigte ihr zu, möglichst lange die Regentschaft zu führen, da ihr ältester Sohn Ludwig in den Kreisen des französischen Hochadels als psychisch labiler Dümmling galt, der nicht in der Lage war, einen korrekten Satz zu sprechen. Schuld daran war wahrscheinlich die überstrenge Erziehung, die Ludwig zum Stotterer gemacht hatte.

Dass man sich in Ludwig gründlich getäuscht hatte, bekam zuerst seine Mutter zu spüren, denn kaum hatte man den Knaben für volljährig erklärt, zeigte er sein wahres Gesicht. Die krassen Gegensätze zwischen Maria de Medici und ihrem Sohn schienen unüberwindlich, die Stimmung zwischen Mutter und Sohn hätte nicht schlechter sein können. Der junge König verfolgte nur ein Ziel: sich an der Mutter für die jahrelange Hintansetzung zu rächen und sie kaltzustellen. Dabei ging er so weit, sie vom Hof zu verbannen, was sie nicht verhindern konnte. Erst Jahre später wurde der Exkönigin die Rückkehr an den Königshof erlaubt. Da sie es aber nicht lassen konnte, immer wieder Intrigen gegen den eigenen Sohn zu spinnen, wurde sie schließlich zum Exil in den Niederlanden gezwungen.

Vieles konnte Ludwig seiner Mutter nicht verzeihen, vielleicht auch die Tatsache, dass man ihn mit seinen 14 Jahren gleichsam ins Brautbett gezwungen hatte. Er sollte die Ehe mit seiner entzückenden Braut vollziehen und war von tausend Ängsten geplagt. Sein lebenslanges Missverhältnis zu seiner schönen Ehefrau hatte hierin wahrscheinlich seine Ursache. Oder auch die Neigung des Königs zu schönen Jünglingen, was auf Grund der damaligen Moralvorstellungen nicht sein durfte. Der König hatte unbedingt seinen ehelichen Pflichten nachzukommen, Frankreich brauchte einen Erben. Jede Fehlgeburt bestärkte Ludwig darin, möglichst wenig Kontakt mit seiner Ehefrau zu suchen, da ein lebensfähiger Sohn für ihn ohnedies im Bereich des Unmöglichen lag. Es war tragisch für die lebenslustige Anna, die kurz nach der Heirat Königin von Frankreich wurde, dass Fehl- und Totgeburten einander abwechselten, so dass bei Hof und auch innerhalb der Familie der Eindruck entstand, die Königin wäre unfähig, ein gesundes Kind zur Welt zu bringen.

Auch andere bösartige Gerüchte machten Anna das Leben schwer. Da allgemein bekannt war, dass der König herzlich wenig Kontakt mit seiner Gemahlin hatte, dichtete man der schönen Frau jede Menge Liebhaber an, unter anderem sogar Adelige aus England, wie den Herzog von Buckingham, einen charmanten Diplomaten vom Scheitel bis zur Sohle. Wahrscheinlich war es der homophile König selbst, der diese üblen Nachreden, seine Frau betreffend, ausstreute, da ihm sowohl ihre Heiterkeit als auch ihre Vorlieben für Tanz und Theater ein Dorn im Auge waren.

Hatte man geglaubt, dass Ludwig und Anna im Laufe der Zeit einen gemeinsamen Weg finden würden, so hatte man sich bitter getäuscht. Die Gegensätze zwischen den beiden waren einfach zu groß. Ludwig liebte die Jagd mit seinen Kumpanen, während die gepflegte Spanierin die Schönheiten von Kunst und Kultur bevorzugte. Dazu kam die Zeit von 22 Jahren, in denen kein Kind in der königlichen Wiege lag. Die Zukunft sah für die schöne Königin ungewöhnlich trist aus. Seltsamerweise war sie in der langen kinderlosen Zeit nicht schon in irgendein Kloster geschickt worden. Vielleicht, weil der König von Frankreich nach wie vor einen Erben brauchte!

Die Lage spitzte sich für Anna zu, als Frankreich auf Anraten von Kardinal Richelieu, dem berühmtesten Günstling der alten Königin, die Protestanten im Dreißigjährigen Krieg unterstützte. Wieder einmal standen die Heere Spaniens den Truppen Frankreichs feindlich gegenüber. Frankreich kämpfte gegen Spanien trotz aller verwandtschaftlichen Verflechtungen!

Zwei Jahre nach Kriegseintritt Frankreichs wendete sich plötzlich das Schicksal Annas grundlegend. In einer kalten Winternacht, am 5. Dezember 1637, war König Ludwig XIII. wie schon so oft unterwegs zu seinem Jagdschloss in Versailles, als er von einem Unwetter überrascht wurde. Da er sich gerade in der Nähe von Paris befand, gab er Order, im Louvre Quartier zu nehmen, wo aber nur in den Gemächern der Königin im Winter geheizt wurde. Es blieb dem König nichts anderes übrig, als mit seiner Gemahlin die Nacht in ihren Räumlichkeiten zu verbringen. Neun Monate später wurde die 37-jährige Königin von einem Knaben entbunden, dem

Porträt von Ludwig XIV. im Alter von ca. 10 Jahren, Justus van Egmont, 1648

späteren König Ludwig XIV. Nach weiteren zwei Jahren schenkte die Königin noch einem gesunden Knaben das Leben, Philipp. Endlich hatte Anna die Position bei Hofe erreicht, die ihr als Königin zustand.

Ihrem Gatten war kein langes Leben beschieden, Ludwig XIII. starb am 14. Mai 1643, in einer Zeit, die immer noch von dem großen europäischen Krieg geprägt war. Zu Annas Beruhigung war einer der größten Kriegstreiber, der ihr in tiefster Seele verhasste Kardinal Richelieu, der die Fäden der Macht in Frankreich jahrelang gezogen hatte, ein Jahr vor dem König ebenfalls verschieden. Mit seinem Nachfolger Kardinal Jules Mazarin, der der Pate des jungen Ludwig war, hatte sie ein gutes Einvernehmen, als sie die Regentschaft für ihren minderjährigen Sohn antrat. In Frankreich hatte man erwartet, dass die in Spanien familiär verwurzelte Königin den Krieg gegen Spanien beenden würde, aber man hatte sich gründlich getäuscht. Nur fünf Tage nach dem Tod von Ludwig XIII. gewannen die Franzosen eine entscheidende Schlacht in den Ardennen, so dass Anna sich entschloss, so lange gegen Spanien zu kämpfen, bis die diversen Friedensverhandlungen von Erfolg gekrönt waren.

Allmählich war im Volk durchgesickert, dass Ludwig XIII. noch knapp vor seinem Tod seine Gemahlin nicht als Regentin eingesetzt hatte, so dass Anna keine Ansprüche auf die Herrschaft hätte geltend machen können. Auf Anraten Mazarins kümmerte sie sich aber nicht um diese Klausel im Testament, sondern ließ diese vom Obersten Gerichtshof in Paris kurzerhand streichen.

Die Verfügungen im Westfälischen Frieden brachten für Frankreich keine Nachteile und obwohl hie und da nach 1648 noch Kämpfe aufflackerten, entschloss sich Anna 1659, mit ihrem Vaterland Spanien den Pyrenäenfrieden zu schließen. Zu den Friedensverhandlungen war sie selbst gereist, die auf der sogenannten Fasaneninsel im Grenzfluss Bidasoa vonstattengingen. Hier traf sie nach Jahrzehnten ihren Bruder König Philipp IV. wieder, den sie zuletzt im Jahre 1615 gesehen hatte. Nach einer kurzen kühlen Begrüßung, ganz nach dem spanischen Hofzeremoniell, ging man zur Tagesordnung über, auf der beschlossen wurde, dass Spanien einige Gebiete an Frankreich abtreten musste. Sicherlich kein Anreiz für die Spanier, gegenüber den Franzosen freundlich zu sein. Allerdings hatte das Treffen der Geschwister doch eine positive Seite, zumindest aus dem politischen Blickwinkel: Es wurde vereinbart, dass Ludwig XIV. Maria Teresa, eine Tochter Philipps IV., heiraten sollte.

Mit dreizehn Jahren wurde Ludwig XIV. für volljährig erklärt und übernahm selbst die Regierungsgeschäfte. Seine Mutter Anna zog sich aus der Politik zurück, nachdem auch Mazarin 1661 gestorben war. Um in der Nähe des geliebten Sohnes zu sein, mit dem sie ein ungewöhnlich herzliches Verhältnis verband, verbrachte sie den Lebensabend im Kloster Val-de-Grace. Die schöne und starke Frau starb am 20. Januar 1666 an Brustkrebs.

Es war nicht verwunderlich, dass der französische König Ludwig XIV. nach dem Tod des spanischen Königs Carlos II. Anspruch auf den spanischen Thron stellte, immerhin waren seine Mutter und seine Gemahlin gebürtige Habsburgerinnen. Allerdings hatte seine Ehefrau auf die Thronrechte in Spanien verzichtet. Aber was galten schon derlei Abmachungen, wenn es um Besitz und Macht ging?

Unter seinen Händen zerbrach ein Weltreich: König Philipp IV. von Spanien

Sie waren noch Kinder, als sie vor den Traualtar traten: Philipp, der Sohn des spanischen Königs Philipp III., und Elisabeth von Bourbon, die in Spanien Isabel genannt wurde. Ihre Ehe sollte die ununterbrochenen Spannungen zwischen Spanien und Frankreich beenden, endlich sollte ein dauerhafter Frieden zwischen beiden Ländern gewährleistet sein. Die Absichten waren zweifellos gut, immerhin hatten sich die kriegerischen Auseinandersetzungen zwischen beiden Ländern über Jahrzehnte hingezogen und einen hohen Blutzoll gekostet. Dies sollte nun ein Ende haben, als Elisabeth, die Tochter des französischen Königs Heinrichs IV. von Bourbon und seiner Gemahlin Maria de Medici, die in Spanien Isabel genannt wurde, dem spanischen Thronfolger in Burgos am 25. November 1615 das Ja-Wort gab. Der frisch angetraute Ehemann war ganze zehn Jahre alt und seine erlauchte Gemahlin 13

Wahrscheinlich nahm niemand von den illustren Festgasten Anstoß am zarten Alter von Braut und Bräutigam, immerhin wurden damals in den europäischen Herrscherhäusern die Ehen nicht im Himmel geschlossen, waren aber auf alle Fälle gewinnbringend. Daher scheute man sich nicht, halbe Kinder zu verheiraten, wobei die Bräute meist noch beschwerliche Wege auf sich nehmen mussten, um in das Land des Zukünftigen zu kommen.

Vielleicht war es aber auch ein Vorteil, dass die Eheleute so jung waren, denn dann hatten sie die Möglichkeit, sich spielend aneinander zu gewöh-

Jugendporträt von Philipp IV., Diego Velázquez, 1623

nen. Dass die Ehe, die durchaus glücklich war, später vollzogen wurde, nimmt einen nicht wunder. Philipp und Isabel galten als glückliches Ehepaar, obwohl der ungewöhnlich sinnlich veranlagte König schon sehr bald Abenteuer außerhalb des Ehebettes suchte, was ihm aber seine nicht minder leidenschaftliche Gemahlin keineswegs übelnahm.

Warum die acht Kinder, die aus dieser Ehe hervorgingen, alle bis auf zwei im Kleinkindesalter starben, ist bis heute rätselhaft. Denn diese Verbindung war keinesfalls von Inzucht geprägt. Isabel hatte bourbonisches Blut in den Adern und die Mediceer Mutter war auch mit dem Vater nicht verwandt. Die ersten beiden Kinder, die dieser Ehe entsprossen, zwei Mädchen, Maria Margarita und Margarita Maria Catalina, starben unmittelbar nach der Geburt. Beinah jedes Jahr klopfte der Tod an die Pforten des

Alcázars, nur ein einziger Sohn, Balthasar Carlos, und eine Tochter, Maria Teresa, überlebten das Kleinkindalter.

Auf dem Prinzen, der in Madrid 1629 das Licht der Welt erblickt hatte, ruhten die Hoffnungen sowohl der Eltern als auch Spaniens und seiner Kolonien. Wahrscheinlich wurde der eher schwächliche Knabe mit einem zu großen Lernprogramm überstrapaziert, man wollte aus ihm einen echten Herrscher machen. Aber Balthasar Carlos' Interesse an politischen Entscheidungen und an der Verantwortung, die ihm später aufgebürdet werden sollte, war äußerst gering. Viel lieber mischte er sich unters Volk von Madrid, das ihn liebte, nahm an verschiedenen Theateraufführungen teil und bestaunte die Gemälde des berühmten Malers Velázquez.

Das Schicksal vergönnte ihm nicht, das Erwachsenenalter zu erreichen. Er starb 1646 mit 17 Jahren in Zaragoza.

Philipp IV. war nach dem frühen Tod seines gleichnamigen Vaters mit 16 Jahren an die Macht gekommen, ein gebildeter, kunstverständiger und sprachbegabter junger Mann, der sich am liebsten mit Künstlern und Wissenschaftlern umgab. Es wäre dem feinsinnigen, streng erzogenen Jüngling wahrscheinlich lieber gewesen, sich mit verschiedenen Studien beschäftigen zu können als mit den Erfordernissen der Politik. So wie sein Vater wurde er in die Wirren des großen europäischen Krieges hineingezogen, denn immerhin gehörten die Niederlande noch teilweise zum spanischen Hoheitsgebiet, obwohl die Bevölkerung sich nichts sehnlicher wünschte, als vom spanischen Joch endlich befreit zu werden.

Es war beinahe selbstverständlich, dass der junge König sich auf Männer verlassen musste, die schon dem Vater gedient hatten und die einen Überblick über die politischen Verhältnisse hatten. Dass dabei mitunter dubiose Gestalten an die Macht kamen, die nur die Absicht hatten, sich zu bereichern, ließ sich nicht vermeiden. Ein besonderer Günstling des jungen Königs war Gaspar de Guzmán, Graf von Olivares, der ganz eigene Vorstellungen vom Amt des Königs hatte. Er versuchte Philipp IV. dahingehend zu beeinflussen, sich seinen Ideen von einem Zentralstaat, einem einheitlichen Heer und erhöhten Abgaben, die die Bevölkerung hart trafen, anzuschließen. Hatte man anfangs de Guzmán ein gutes Zeugnis ausgestellt, so lehnten zuerst die Katalonen diese Maßnahmen kategorisch ab. Trotzdem dauerte es lang, bis sich Philipp IV. entschließen konnte, den Grafen von Olivares seines Amtes zu entheben. Um dem nächsten Günstling Tür und Tor des Alcázars zu öffnen.

Philipp IV. hatte ein Reich übernommen, das spätestens seit dem ausgehenden 16. Jahrhundert immer gravierendere wirtschaftliche und außenpolitische Schwierigkeiten hatte. Durch die Gold- und Silberimporte aus den Kolonien verlor die spanische Währung an Wert, die Kriege, die mit den Niederländern unausweichlich waren, verschlangen viel Geld, genauso wie der Kleinkrieg gegen England, wo man auch nach der Hinrichtung von König Charles I. nicht vergessen hatte, dass der König als Bräutigam der spanischen Prinzessin Anna Maria, einer Schwester König Philipps IV., abgelehnt worden war.

Überall, wo die Spanier Fuß gefasst hatten, auch in Oberitalien, fiel es ihnen zunehmend schwerer, die Flammen der Rebellion zu ersticken. Dazu kam, dass auch in Portugal die antispanische Haltung immer mehr zur Geltung kam, dass die Opposition alles daransetzte, den spanischen König als Herrscher loszuwerden.

Außerdem befand man sich mitten im Dreißigjährigen Krieg! Selbstverständlich unterstützte der spanische König seine österreichische kaiserliche Verwandtschaft gegen die Protestanten, die aber auf ihrer Seite neben den Dänen und Schweden auch die Truppen des allerchristlichsten katholischen Königs von Frankreich wussten. Der große Verlierer nach dem Friedensschluss in Münster und Osnabrück 1648 hieß auf jeden Fall Spanien, denn im Laufe der nächsten Jahre wechselten die spanischen Niederlande und die Franche-Comté ihre Herrscher und natürlich Portugal, das sich 1640 abspaltete. Nur mit Mühe war es gelungen, die Franzosen aus Spanien zu vertreiben, wo sie die Katalanen in ihrem Aufstand gegen den König unterstützt hatten.

Es waren nicht nur die vielen kriegerischen Einzelkämpfe, die Spanien schwächten, es war vor allem auch die Pest, die weite Teile des Landes heimsuchte, dazu kamen eine Typhus-Epidemie, Dürre und Überschwemmungen. Alles zusammen strapazierte die wirtschaftliche Lage des Landes aufs Äußerste. So sehr sich auch der König redlich bemühte, den Staatsbankrott abzuwenden, so hatte er – auch durch falsche Informationen von

Der Graf von Olivares, Diego Velázquez, 1638

seinen Günstlingen – sicherlich nicht die richtigen Methoden, um alles zum Besseren zu wenden.

Wenn Philipp IV. auch eine gute Ehe mit seiner ersten Gemahlin führte, so konnte der ungewöhnlich sinnliche Mann den Avancen so mancher Schönen im Land nicht widerstehen. Dabei suchte er sich für seine Liebesabenteuer vor allem Jungfrauen aus den vielen Klöstern aus, wodurch er kaum Risiken einging, da die jungen Nonnen nach einigen aufregenden Stunden mit dem König in den Schoß der Kirche zurückkehrten, die sich auch um eventuelle Sprösslinge kümmerte.

Die Zahl der unehelichen Kinder des Königs ist nicht bekannt, wobei lediglich einer, Don Juan José de Austria, den Philipp mit der schönen Schauspielerin Maria Calderón gezeugt hatte, vom königlichen Vater als illegitimer Sohn anerkannt wurde. Trotz aller väterlichen Gefühle, die Philipp für den Sohn empfand, konnte er sich nicht entschließen, Don Juan José als Nachfolger einzusetzen, obwohl er erkennen musste, dass er ein fähiger Herrscher für Spanien geworden wäre. Die Mutter dieses Sohnes zog sich nach der Affäre mit dem König in ein Kloster zurück, um für ihre eigenen, aber auch für die Sünden ihres königlichen Liebhabers ein Leben lang im Gebet zu büßen.

Degeneration, Epilepsie, Geistesschwäche und Lebensunfähigkeit machten sich immer mehr am spanischen Hof breit. Verblüffte zwar die erste Gemahlin Philipps auch im fortgeschrittenen Alter alle, denen sie begegnete, durch ihre Schönheit, so konnte sie nicht verhindern, dass die Kinder, die sie regelmäßig zur Welt brachte, durch das väterliche Erbe schwerstens geschädigt waren.

Von den zahlreichen Kindern aus dieser Ehe war nur die im Jahr 1638 geborene Maria Teresa übrig, ein vielfach umworbenes Mädchen, das nach dem Tod ihrer Brüder Aussichten auf den spanischen Thron gehabt hätte. Das Rennen um die Hand der keineswegs attraktiven Spanierin machte schließlich der französische Sonnenkönig, dem die Mitgift wichtiger war als das Aussehen der Braut. Allerdings gab es im Ehevertrag eine Klausel, die besagte, dass die Braut auf alle Thronrechte in Spanien verzichtete, da der kleine Bruder Maria Teresas, Philipp Prosper, ein legitimer Thronfolger war. Aber auch in Frankreich kannte man die prekäre Situation, in der sich der spanische König befand, denn Philipp Prosper war gesundheitlich schwer angeschlagen. Das Kind litt an Epilepsie, so dass man annehmen konnte, dass der Knabe nicht alt werden würde. Und nach seinem Tod würden sich die Erbverhältnisse rasch ändern. Der französische König Ludwig XIV., der mit allen Wassern gewaschen war, konnte abwarten.

Die Spanierin Maria Teresa war am luxuriösen französischen Hof eher eine graue Erscheinung, in ihrer streng religiösen Art nahm sie fast nie an den Lustbarkeiten teil, die ihr Gemahl meisterlich inszenieren ließ, sie kümmerte sich um ihre sechs Kinder, von denen auch nur eines überleben sollte. Ihr königlicher Gemahl nahm ihr Verhalten ihm gegenüber nicht übel, er amüsierte sich ohnehin königlich mit seinen Mätressen, die er sogar bei offiziellen Auftritten um sich scharte.

Juan José de Austria, Gemälde von Juan Carreño de Miranda, ca. 1678

Es war ein heftiger Schlag für Philipp IV., als seine geliebte Gemahlin 1644 die Geburt eines weiteren Kindes nicht überlebte. Und nicht genug des Unglücks: Zwei Jahre später stand er auch an der Bahre seines zu diesem Zeitpunkt einzigen Sohnes Baltasar Carlos.

Eine neue Gemahlin zu finden, erwies sich als schwierig, trotz der zahlreichen Prinzessinnen, die dem ältlichen Witwer gerne die Hand fürs Leben gereicht hätten. Denn die Kriterien, die man an eine zukünftige spanische Königin anlegte, waren nicht leicht zu erfüllen. Immer noch herrschte ein Mangel an katholischen Bräuten, so dass wenige heiratsfähige Tochter an den europäischen Fürstenhäusern übrigblieben.

Aber wozu gab es die österreichische Verwandtschaft, wo sich junge Erzherzoginnen fanden, die nach Spanien verheiratet werden konnten. So auch jetzt, als König Philipp IV. wieder auf Freiersfüßen ging. Sein Auge war auf die ehemalige, erst 13-jährige Braut seines Sohnes Baltasar Carlos gerichtet, der 1646 gestorben war. Maria Anna war die Tochter Kaiser Ferdinands III. und seiner spanischen Gemahlin Maria Anna. Obwohl die Braut blutjung war und der Bräutigam mehr als dreimal so alt, fand man diese Lösung akzeptabel. Es dauerte ohnehin zwei Jahre, bis das junge Mädchen in Spanien angekommen war, wo Maria Anna 1649 in einer pompösen Hochzeit ihren Onkel heiratete.

Die Gemälde der Habsburgerinnen, die der vom König hochgeschätzte spanische Maler Velázquez der Nachwelt schenkte, zeigen fast durchwegs junge Mädchen, die man in voluminöse Kleider gesteckt hatte, was ihnen ein puppenhaftes Aussehen verlieh. Und im Allgemeinen waren sie auch nur Puppen ohne Einfluss und Mitspracherecht. Sie wurden als Bräute an die Höfe verschickt, von denen sie nicht einmal genau wussten, wo sie sich befanden. Kamen sie dann endlich, meist nach monatelangen, manchmal sogar jahrelangen Reisen in ihrem neuen Heimatland an, legte man sie ins Bett eines unbekannten Mannes, der alt, hässlich und verkommen sein konnte. Nur ganz selten empfanden die Eheleute wenigstens Sympathie füreinander. Schon sehr bald nach der Hochzeit, wenn die junge Frau geschwängert war, suchte der Ehemann Zerstreuung außerhalb des Ehebettes und nahm sein gewohntes Leben mit seinen Gespielinnen wieder auf. Auch die Gebote der Religion, die oft übertrieben genau befolgt wurden, konnten dem sinnlichen Treiben der Mächtigen nicht Einhalt gebieten.

Auch Maria Anna, die junge Gemahlin Philipps, machte dieselben Erfahrungen wie viele andere Prinzessinnen. Nach der Brautfahrt, auf der ihr jede Menge Lustbarkeiten geboten wurden, fand sie sich schließlich nach den ersten leidenschaftlichen Nächten allein gelassen, ihr königlicher Gemahl kümmerte sich wenig um sie, vor allem, da es lange dauerte, bis sie das erste Kind zur Welt gebracht hatte, das noch dazu nicht lebensfähig war.

Durch diese Verbindung nahm das Schicksal der spanischen Habsburger einen katastrophalen Verlauf. Denn die zahlreichen, teilweise verkrüppelten Kinder aus dieser Ehe überlebten die ersten Lebenstage nicht, außer der Tochter Margarita Maria Teresa und dem debilen Sohn Karl.

Maria Anna von Österreich, Porträt von Diego Velázquez

An der Seite seiner zweiten Gemahlin Maria Anna hatte der König alles andere als das große Glück gefunden. Er wurde immer einsamer, da er kaum Freunde hatte, auf die er sich verlassen konnte. Lediglich in den Klöstern war er herzlich willkommen. Mit der Nonne Maria von Agreda pflegte er einen intensiven Briefwechsel, in dem sein ganzer Kummer und sein tiefer Glauben zum Ausdruck kamen. Die Gesellschaft seiner jungen Gemahlin bot ihm keine Abwechslung, denn Maria Anna fühlte sich nicht zu ihm hingezogen. Sie hatte aus Österreich ihren Beichtvater Pater Nithard mit nach Spanien gebracht, der ihr ständiger Begleiter und Berater wurde. Beide zusammen, Maria Anna und der Geistliche, setzten alles daran, dass der einzig fähige Sohn Don Juan José nicht die Nachfolge Philipps IV. antrat.

Hatte der alternde König gehofft, doch noch einen fähigen Nachfolger zu zeugen, so wurde er bitter enttäuscht. Auf Grund des Ahnenschwunds war es nicht verwunderlich, dass keine gesunden Kinder das Licht der Welt erblickten.

Aber immer noch sah man keinen Zusammenhang zwischen den Erbkrankheiten und der nahen Verwandtschaft innerhalb der Familien. Daher wurde Margarita Maria Teresa, die Tochter Philipps mit Maria Anna, mit ihrem hässlichen Cousin Leopold, dem späteren Kaiser, verheiratet. Zeigten sich schon im Äußeren des Bräutigams extreme Verunstaltungen, so konnte man gewärtig sein, dass auch schwere Erbdefizite sich bemerkbar machen würden.

Auch diese junge Frau, die meisterlich von Velázquez porträtiert worden war, überlebte nur vier Geburten und zwei Fehlgeburten. Erst als Leopold sich entschloss, sich in den deutschen Fürstenhäusern nach einer gesunden Braut umzusehen, zeugte er regierungsfähige Nachkommen wie seine Söhne Joseph I. und Karl VI.

Er hätte sich auch nicht nach Spanien wenden können, denn in diesem Königshaus waren keine Mädchen mehr zu finden, nur noch ein geisteskranker Monarch, Karl II.

Philipp IV. hingegen war eine tragische Figur, politisch, aber vor allem auch familiär. Für Spanien verlor er durch die einzelnen Friedensschlüsse, die er unterzeichnen musste, viel und obwohl der große europäische Krieg in Münster und Osnabrück 1648 ein spätes Ende fand, büßte Spanien seine Machtstellung ein. Der König war bemüht, Ruhe und Ordnung wenigstens in Spanien selbst zu garantieren, konnte aber auch dort die Unruheherde kaum in den Griff bekommen. Portugal spaltete sich endgültig ab und die Katalanen gaben zu erkennen, dass sie nicht gewillt sein würden, weiter die hohen Steuerlasten auf sich zu nehmen. England hatte sich in den Niederlanden einen Stützpunkt geschaffen und obendrein forderte sein französischer Schwager Ludwig XIV. als französische Grenze den Rhein.

Dass Philipp schwermütig wurde, war nicht verwunderlich, wenn er auf seinen schwachsinnigen Nachfolger schaute. Zwar hatte man schon vorher eine Abmachung getroffen, dass der sechsjährige bayerische Kurprinz Joseph Ferdinand nach dem Tod von König Karl II. die Erbfolge in Spanien antreten sollte, da er ein Enkel von Kaiser Leopold I. war. Aber das bayerische Kind starb schon kurze Zeit, nachdem dies in einem Testament festgelegt war.

Eigentlich konnte Philipp IV. nicht beruhigt die Augen schließen. Kurz vor seinem Tod am 17. September 1665 stand der König politisch und familiär vor einem Scherbenhaufen. Deprimiert äußerte er sich seinem Sohn gegenüber: „Gott mache dich glücklicher, als ich es gewesen bin!“

Eine kindliche Braut auf dem Kaiserthron: Margarita Maria Teresa

Es musste ein Schock für das junge Mädchen gewesen sein, als ihr österreichischer Bräutigam der prachtvollen Kutsche entstieg. So wie die meisten adeligen Bräute hatte man auch Margarita Maria Teresa nicht wirklich über das Äußere des Zukünftigen informiert, ja man hatte ihr sicherlich geschönte Medaillons gezeigt, die einen durchaus stattlichen Leopold darstellten. Die Wirklichkeit aber sah ganz anders aus. Leopold, der ungewöhnlich hässliche zweite Sohn von Kaiser Ferdinand III., war ursprünglich für den geistlichen Stand bestimmt gewesen. Daher hatte er auch niemals die Absicht gehabt, zu heiraten. Aber der Tod machte alle Pläne des kaiserlichen Vaters zunichte, da der älteste Sohn Ferdinand, der schon zum König von Ungarn und Böhmen gekrönt worden war und als Kaiser auch die Nachfolge hätte antreten sollen, an den Pocken gestorben war.

Für den hochmusikalischen Leopold war der Tod des Bruders ein schwerer Schicksalsschlag, da er als Bischof sich nicht nur um das Seelenheil in seinem Bistum kümmern, sondern sich auch ganz seiner Leidenschaft, dem Komponieren, widmen wollte. Aber nun war er geradezu „verurteilt", in die Fußstapfen seines Vaters zu treten und die Kaiserkrone mit allen Verpflichtungen anzunehmen. Und da ein Kaiser auch eine Frau an seiner Seite benötigte, war man in beiden Habsburger-Häusern wieder einmal auf die Idee gekommen, die familiären Bande noch fester zu knüpfen und eine Tochter des spanischen Königs Philipp IV. mit Leopold zu verheiraten.

Die ältere Tochter Philipps, Maria Teresa, war schon an Ludwig XIV. vergeben, für den österreichischen Leopold blieb nur die jüngere Schwester von Maria Teresa übrig, die erst neunjährige Margarita Maria Teresa. Dass sie noch nicht den Kinderschuhen entwachsen war, als sie als Braut für den habsburgischen Onkel auserkoren wurde, störte eigentlich niemanden. Und die nahe Verwandtschaft war ohnedies ein Thema, über das sich niemand den Kopf zerbrach. Margarita Maria Teresa sah in Leopold weniger ihren Gatten als ihren Oheim, den sie auch während ihrer kurzen Ehe immer „Onkel" nannte.

So wie üblich, wurde die Hochzeit per procurationem 1666 in Spanien mit großem Pomp gefeiert, bevor sich das junge Mädchen auf die weite Reise begab. Die Brautfahrt nahm Monate in Anspruch, denn bei den herrschenden Reisebedingungen konnte man nie vorhersagen, wann die Brautleute zusammentreffen würden. Eine Fahrt in die neue Heimat stellte oft das erste große Risiko im Leben der jungen Mädchen dar. Nicht nur, dass die Schiffe ständig Wind und Wetter ausgesetzt waren, auch Seeräuber machten die gebräuchlichen Routen unsicher, immerhin wussten diese gefährlichen Burschen, welch reiche Mitgift auf den schwer beladenen Schiffen transportiert wurde.

Da man die junge Braut diesen Gefahren nicht aussetzen wollte, wählte man zwar nicht direkt den Landweg, die 34 reich mit Gold verzierten Galeeren segelten aber immer im Anblick der Küste, so dass man sich, wäre es vonnöten gewesen, schnell an Land in Sicherheit bringen konnte. Dies war eine gewisse Beruhigung für die kleine Margarita Teresa, die zunächst von einer Seekrankheit in die andere fiel. Wahre Lichtblicke für sie waren es, wenn sie an Land gehen konnte, wo sie von der Bevölkerung der Küstenorte begeistert begrüßt wurde. Überall war die Ankunft der kaiserlichen Braut eine Sensation, in Finale Ligure errichtete man sogar einen Triumphbogen, den man heute noch bewundern kann.

Über Mailand ging die Reise nach Brescia, wo Margarita Maria Teresa an den kaiserlichen Gesandten übergeben wurde. Sie war mittlerweile 15 Jahre alt, als sie in Schottwien zum ersten Mal ihren Bräutigam zu Gesicht bekam. Obwohl Chronisten gerade über diese Hochzeit viel berichteten, schrieben sie nichts über das Entsetzen, das die kleine Braut empfand, als

Margarita Maria Teresa im Alter von 2 oder 3 Jahren, Diego Velázquez, ca. 1653

sie dem hässlichen jungen Mann gegenüberstand. Leopold hatte nicht nur ein überdimensioniertes Habsburgerkinn, alles an ihm war ungemein unansehnlich, was er durch pompöse Kleidung wettzumachen suchte. Der türkische Gesandte beschrieb ihn folgendermaßen:

„Er ist ein junger Mann von mittlerer Größe, ohne Kinnbart, mit schmalen Hüften, nicht gerade fett und beleibt ... seine Lippen sind wulstig wie die eines Kamels. Immer wenn er spricht, trieft ihm Speichel aus dem Mund [...] Die strahlend schönen Pagen, die ihm zur Seite stehen, wischen ihm mit riesigen roten Tüchern ständig den Geifer ab. Er selbst kämmt seine Locken und Kringel dauernd mit einem Kamm. Seine Finger sehen aus wie Gurken.“

Kaiser Leopold I. als junger Mann

Dass dieser Mann einmal, allerdings nicht mit Margarita Teresa, sondern mit seiner dritten Gemahlin, Eleonore Magdalena von der Pfalz, schöne Söhne zeugen würde, war wahrscheinlich eine Laune des Schicksals.

So sehr Margarita Teresa zunächst entsetzt war, dass sie mit diesem unschönen Menschen Tisch und Bett teilen sollte, so erwies sich Leopold doch als rücksichtsvoller, treuer Ehemann, der seiner jungen Frau jeden Wunsch von den Augen ablas.

Am 12. Dezember 1666 fand die offizielle Hochzeit des Kaisers statt, ein Fest in barocker Pracht ganz im Stil der Zeit. Der Aufwand und die Kosten wuchsen ins Unermessliche, da das Spektakel sechs Wochen dauerte. Alles, was nur irgendwie technisch möglich oder machbar war, wurde aufgeboten, begleitet von bengalischem Feuer oder Raketenfeuerwerk, das die

Nacht zum Tage machte. Die komplette Geschichte des Hauses Habsburg wurde der staunenden kleinen Spanierin vorgeführt, begleitet von sphärischen Klängen, denn Musik durfte bei Leopold nicht fehlen.

Vor allem Geburts- und Namenstage wurden in der kaiserlichen Familie mit ganz besonderen kulturellen Genüssen gefeiert. 1668, zum 17. Wiegenfest der Kaiserin, wurde Marc Antonio Cestis Oper „Il pomo d'oro" aufgeführt, ein großartiges Ereignis in dieser Zeit.

Der Alltag, der all den Lustbarkeiten folgte, sah für die junge Frau allerdings weniger spektakulär aus. Leopold bestand nämlich darauf, dass auch in der engsten Familie das spanische Hofzeremoniell eingehalten wurde, so dass das Leben für seine Gemahlin in vielen Bereichen drastisch eingeengt war. Auch die Mahlzeiten nahm das Kaiserpaar nicht gemeinsam

Innenansicht des Theaters auf der Kurtine während einer Aufführung von „Il pomo d'oro" von Antonio Cesti im Jahre 1668

ein, jeder saß für sich in einem Raum, wodurch keine Unterhaltung möglich war. Etwas beinah Unmenschliches für eine junge Frau, die aus einem anderen Land plötzlich in eine fremde Umgebung verpflanzt worden war! Obwohl sowohl die österreichischen als auch die spanischen Habsburger sprachbegabt waren, hatte Margarita Maria Teresa doch große Schwierigkeiten mit der deutschen Sprache, die sie in den wenigen Jahren an der Seite Leopolds nie richtig erlernen sollte, da sie es gewohnt war, sich mit ihrem kaiserlichen Gemahl auf Spanisch zu unterhalten, während der übrige Hofstaat Italienisch sprach. Durch ihre Sprachschwierigkeiten gehemmt, vermied es Margarita, auch mehr als das Nötigste mit den Hofdamen zu sprechen, was ihr böswillig als Arroganz ausgelegt wurde.

Inwieweit sich die kleine Kaiserin in politische Belange einmischte, ist nicht konkret bekannt. Allerdings galt sie als eine große Judenhasserin, weshalb sie wahrscheinlich ihren Mann immer wieder gegen diesen Teil der Wiener Bevölkerung aufhetzte. Die Judenverfolgung unter Kaiser Leopold I. ging sicherlich auf ihre Initiativen zurück, ebenso wie die Zerstörung der Synagoge im zweiten Bezirk.

So wie alle Habsburger-Gemahlinnen hatte sie hauptsächlich die Aufgabe, möglichst viele Kinder in die Welt zu setzen, vor allem natürlich Knaben. Auch Margarita Maria Teresa war in den wenigen Jahren am Wiener Hof fast ständig in anderen Umständen. In ihrer siebenjährigen Ehe schenkte sie vier Kindern das Leben – zwei Fehlgeburten nicht mitgerechnet –, von denen nur die Tochter Maria Antonia überlebte.

Dass Margarita Maria Teresa kein langes Leben am Wiener Hof beschieden sein würde, zeichnete sich schon bald ab. Nicht nur die schwächliche Natur der jungen Frau ließ bald Bedenken an ihrem Gesundheitszustand aufkommen, auch der Kropf, den sie geschickt zu verbergen suchte, nahm ihr die Luft weg. Dazu kam das ungewohnte raue Klima, das sie als Spanierin nicht gewohnt war, Streitigkeiten innerhalb ihres Personals und ihrer Bediensteten konnte sie nicht vermeiden und machten ihr das Leben schwer. Vor allem, da ihr Gemahl mit diesen Dingen nicht behelligt werden wollte. Sie stand meist allein gegen eine Phalanx von Gegnern. Schon bald erkannte sie, dass sie am Wiener Kaiserhof keinen Rückhalt hatte, ja, dass man sie zu hassen begann und ihr einen baldigen Tod wünschte.

Das berühmte Gemälde „Las Meninas“ von Diego Velázquez zeigt die fünfjährige Margarita Maria Teresa, umgeben von Hofdamen und zwei sogenannten „Hofzwergen“ mit Hund.

Ihre Feinde mussten nicht lange warten. Durch die zahlreichen Schwangerschaften wurde ihr ohnedies nicht widerstandsfähiger Körper von Jahr zu Jahr mehr geschwächt. Eine schwere Bronchitis, die sie sich im Fasching 1673 zugezogen hatte, entwickelte sich zu einer todbringenden Krankheit. 16 Tage dauerte der entsetzliche Todeskampf der erst 22-jährigen Kaiserin. Wieder schwanger und durch ihren Kropf behindert, konnte sie den Schleim nicht mehr aushusten, so dass sie qualvoll erstickte.

Ihr Gatte, der Kaiser, kümmerte sich rührend um die Sterbende, er wich Tag und Nacht nicht von ihrer Seite. Als Margarita den Tod nahen fühlte, bat sie Leopold, er möge sie allein lassen. Sie wollte in stillem Gebet in die Ewigkeit eingehen.

Nicht die Gebete und Andachten waren es, die Margarita Maria Teresa unsterblich werden ließen, sondern die Meisterwerke des spanischen Malers Diego Velázquez.

Er hätte die spanischen Habsburger vor dem Untergang retten können: Don Juan José de Austria

Obwohl König Philipp IV. seine schöne Gemahlin wirklich liebte, zog es ihn doch immer wieder vor allem in die zahlreichen Klöster, wo er darauf bestand, dass die strengen Regeln, die von den Äbtissinnen aufgestellt worden waren, für ihn, den König, durchbrochen wurden. Er wollte die blutjungen Nonnen ohne Schleier aus der Nähe sehen, um eine Auswahl für seine Schäferstündchen treffen zu können. Und da die Klosterschwestern meist nicht freiwillig ihr Leben Gott geweiht hatten, war die Aufregung groß, wenn es hieß, der König werde in den nächsten Tagen die heilige Stätte besuchen. Nicht wenige Novizinnen erwarteten sich vom Besuch des ungewöhnlich sinnlichen Königs eine willkommene Abwechslung. Je länger die Besuche des Monarchen dauerten, umso wahrscheinlicher war es, dass diese Folgen nach sich zogen. Wie viele außereheliche „natürliche" Kinder Philipp IV. zeugte, ist bis heute nicht bekannt, denn sie verschwanden genauso wie ihre Mütter hinter Klostermauern oder wurden zu Bischöfen und Äbten ernannt. Isabella, die erste Gemahlin Philipps, nahm die Abenteuer ihres königlichen Gemahls mit stoischer Gelassenheit hin, denn er vernachlässigte auch sie nicht. Wahrscheinlich kannte sie kaum eines seiner „natürlichen" Kinder bis auf Don Juan José de Austria, den ihr Gemahl mit der Schauspielerin Maria Calderón gezeugt hatte. Am 7. April 1629 kam dieser Sohn zur Welt, der zunächst bei seiner Mutter in einem Kloster aufwuchs. Ganz gegen seine Gewohnheit besuchte der König Mutter und Sohn so oft es ihm möglich war, wobei er feststellte, dass dieses Kind nicht nur körperlich wohlgestaltet war, sondern schon bald einige außergewöhnliche Begabungen zeigte. Ganz im Gegensatz zu Philipps ehelichen Nachkommen.

Natürlich war es im Königshaus nicht üblich, sich über illegitime Kinder den Kopf zu zerbrechen. Im besten Fall wurden die Mütter unterstützt, ab und zu erhielten die Söhne und Töchter die Möglichkeit, im Dienste der Kirche ihre Mütter von den Sünden rein zu waschen, die sie durch die Hingabe an den königlichen Liebhaber auf sich geladen hatten.

Bei dem jungen Don Juan José de Austria schien alles anders zu sein. Seine Mutter hatte der König wirklich geliebt, sie war für ihn nicht nur ein flüchtiges Abenteuer und er bedauerte zutiefst, dass die junge Maria Calderón sich entschlossen hatte, den Rest ihres Lebens hinter Klostermauern zu verbringen. Für den Sohn allerdings sah die Zukunft verheißungsvoll aus, da sich der königliche Vater entschloss, Juan José als illegitimen Sohn offiziell anzuerkennen. Dadurch erfuhr er eine prinzengemäße Erziehung und Ausbildung, die bei dem auch künstlerisch begabten Jüngling auf fruchtbaren Boden fiel. Natürlich wurde er ebenso wie seine übrigen Halbgeschwister mit kirchlichen Ämtern betraut. Nachdem ihn der König offiziell anerkannt hatte, verlieh er ihm die Würde eines Priors des Johanniter-Ordens von Kastilien-Leon.

In Ermangelung wirklich tüchtiger Heerführer wurde der junge, militärisch unerfahrene Mann nach Neapel geschickt, das damals unter spanischer Herrschaft stand. Er sollte sich hier die ersten Sporen verdienen, indem er mit viel Glück den Aufstand der Bevölkerung in kürzester Zeit niederschlug.

In vielen Dingen erinnerte Don Juan José de Austria an den „natürlichen" Sohn von Kaiser Karl V., an Don Juan d'Austria, den Sieger von Lepanto. Wie dieser wurde Juan José in die Niederlande geschickt, wo er glücklos agierte und nicht verhindern konnte, dass die Spanier weite Gebiete an Frankreich verloren. Im Ringen um Portugal hatte er ebenso keine glückliche Hand. Trotz einiger bitterer Niederlagen war er bei der spanischen Bevölkerung ungemein beliebt, so dass man sogar hoffte, dass der königliche Vater ihn zum Thronfolger ernennen würde. Aber Philipp IV.

Don Juan José de Austria mit einem seiner Brüder, Alonso de Santo Tomás

konnte sich nicht entschließen, diesen fähigen Sohn, dem es vielleicht möglich gewesen wäre, den finanziell und sozial zerrütteten Staat wieder ins rechte Lot zu bringen, seinem im Ehebett gezeugten, debilen Sohn Carlos vorzuziehen.

Anstatt Juan José in das politische Geschehen einzubinden, hörte er auf die Einflüsterungen seiner zweiten Gemahlin, die alles daransetzte, den Stiefsohn kalt zu stellen. Sie bewirkte, dass Juan José keinerlei Funktion am spanischen Königshof bekam, was natürlich zu einem denkbar schlechten Verhältnis von Vater und Sohn führte. Die Situation eskalierte, als Don Juan José die Absicht äußerte, seine Halbschwester Margarita Maria Teresa heiraten zu wollen. Dieser Plan kam in der königlichen Familie einer Gotteslästerung gleich. Ein Halbbürgerlicher wagte es, die Tochter eines von Gott auserkorenen Herrschers zum Traualtar führen zu wollen! Unvorstellbar!

Die Ablehnung des ambitionierten versierten Don Juan verstärkte sich noch, als Philipp IV. nach seiner zweiten Heirat resignierend die politischen Fäden immer mehr aus der Hand gab. Die junge Königin Maria Anna erkannte, dass der Stiefsohn beim Volk große Sympathien genoss, fürchtete um ihren Einfluss und versuchte daher mit allen Mitteln, Don Juan José von der Regentschaft auszuschließen. Ihr österreichischer Beichtvater Pater Nithard, der sie im Beichtstuhl nicht nur von ihren Sünden freisprach, sondern sie auch als ihr Ratgeber beeinflusste, unterstützte die Ambitionen der Königin. Beiden gelang es durch mancherlei Intrigen, dass Don Juan vom Königshof abgezogen wurde. Die skrupellose Frau griff nämlich selbst nach dem Tod ihres Gemahls nach der Macht und wollte nach eigenem Gutdünken herrschen.

Aber Don Juan José durchschaute rechtzeitig den Plan seiner Widersacher, jetzt ergriff er die Initiative, wobei es ihm gelang, den Pater auszuschalten. Kurz nach der Rückkehr Don Juans wurde Nithard vom Hof entfernt. Ein wechselvolles Spiel um die Macht begann. Auf der einen Seite setzte die Königin alle Hebel in Bewegung, um als alleinige Regentin herrschen zu können; das natürlich unter dem Deckmäntelchen, dass alles, was sie tat, nur für ihren Sohn Carlos geschehe. Sie brauchte bei ihren Plänen keinen Regenten neben sich! Wieder wurde Don Juan aus Madrid verbannt, von wo er nach Zaragoza zog. Seine Anhänger bestärkten ihn, dass die Zeit gekommen wäre, die Regentschaft in Spanien zu übernehmen, nachdem der einzige überlebende Sohn des Königs ein bedauernswerter Kretin war. Don Juan José gelang es ohne große Mühe, ein Privatheer aufzustellen, mit dem er nach Madrid zog, um die Herrschaft anzutreten. Es war der erste Militärputsch in der spanischen Geschichte.

Es war selbstverständlich, dass die Königin und ihr neuer Favorit Valenzuela den Palast und die Stadt verlassen mussten, während Don Juan

José für den tatenlosen König Karl II. als Erster Minister die Regierungsgeschäfte führte. Dabei sorgte er sich rührend um den armen erbgeschädigten König, der nicht in der Lage war, irgendeine Entscheidung zu treffen. Dass Spanien in dieser Zeit von Tag zu Tag bedeutungsloser wurde, konnte auch ein fähiger Regent wie Don Juan José nicht verhindern. 1678 gingen Teile der spanischen Niederlande und die Freigrafschaft Burgund verloren, die Geldentwertung erlebte einen Höhepunkt, was im Inneren zu sozialen Unruhen führte, der gewaltige Abstieg Spaniens auf der Weltbühne war nicht mehr aufzuhalten.

Es war eine Tragik in der spanischen Geschichte, dass es Don Juan José de Austria nicht vergönnt war, länger die Regierungsgeschäfte zu führen. Vielleicht wäre es ihm gelungen, den wirtschaftlichen und sozialen Abstieg aufzuhalten.

Im Alter von 50 Jahren wurde er plötzlich von einem Fieber befallen, das er nicht überlebte. Er starb am 17. September 1679 in Madrid.

Obwohl er eine bürgerliche Mutter hatte, wurde er dennoch im Escorial beigesetzt.

Der letzte spanische Habsburger Karl II. war das Opfer seiner Ahnen

Wahrscheinlich schreckten nicht nur seine Bediensteten entsetzt zurück, wenn sie den Befehl erhielten, dem jungen König zu Diensten zu sein, der schon im zarten Alter von vier Jahren trotz seiner augenscheinlichen Behinderungen das Erbe seines Vaters Philipp IV. als König von Spanien angetreten hatte. Denn der Anblick Karls ließ selbst jedem Besucher das Blut in seinen Adern erstarren, keiner konnte glauben, dass dieser hässliche Mann, der kaum in der Lage war, ein korrektes Wort herauszubringen, Herrscher über die riesigen spanischen Länder auf dem Kontinent und in Übersee sein sollte. Was man damals höchstens erahnen konnte, war die Tatsache, dass der Zustand des Monarchen direkt in Verbindung stand mit einem extremen Ahnenschwund, der das Ergebnis jahrhundertelanger Eheschließungen innerhalb der habsburgischen Familie war.

Wann wirklich die Idee aufgekommen ist, nur innerhalb der streng katholischen habsburgischen Verwandtschaft Ehen zu schließen, lässt sich nicht mehr genau feststellen. Denn noch bei Kaiser Maximilian spielte das Glaubensbekenntnis einer Maria von Burgund keine Rolle, freilich war damals von Glaubensspaltung noch keine Rede. Aber sowohl Kaiser Friedrich III. als auch sein Sohn Maximilian schauten eher auf die Landgewinne, die sich aus einer Heirat ergeben könnten. Erst bei der Heirat des Kaisersohnes Philipp dem Schönen spielte die Religion eine nicht zu verachtende Rolle, da die Mutter der Braut Isabella von Kastilien nicht nur religiös, beinah bigott war. Sie hatte ihre Tochter Juana, die schon zu Lebzeiten den

König Karl II. litt sehr unter seinen zahlreichen, erblich bedingten Gebrechen.

Beinamen „La Loca", die Wahnsinnige, trug, streng nach den Regeln des katholischen Glaubens erzogen, den sie für den allein seligmachenden ansah. Jede Abweichung von den Geboten der Kirche war Ketzerei und wurde gnadenlos bestraft. So war es selbstverständlich, dass nur katholische Prinzen und Prinzessinnen den Bund fürs Leben schließen konnten. Dies bereitete nach den religiösen Unruhen in ganz Europa immer größere Schwierigkeiten. Die französischen Prinzessinnen hätten zwar den richtigen Glauben gehabt, jedoch verhinderte hier die jahrhundertelange Feindschaft zwischen den Königshäusern eine eheliche Verbindung. Dass auch bei englischen Prinzessinnen Vorsicht geboten war, da König Heinrich VIII. sich aus reinem Privatinteresse von Rom getrennt hatte, war augenscheinlich. Zwar heiratete König Philipp II. die katholische Maria von England, eine Ehe, die rein politische Hintergründe hatte. Von Liebe ganz zu schweigen! Zu weiteren Ehen zwischen England und Spanien kam es aber nicht.

Die Inzucht innerhalb der habsburgischen Familie hatte in den nächsten Jahrzehnten fatale Folgen:

König Karl II. als letzter spanischer Habsburger verfügte über nur zehn Vorfahren anstatt der üblichen 32. Mit Kaiser Karl V. hatte das Unglück bringende Heiratskarussell begonnen. Er, der älteste Sohn von Johanna der Wahnsinnigen und Philipp dem Schönen, ehelichte seine portugiesische Cousine, wobei sich bei seinem Sohn und seinen beiden Töchtern noch keine geistigen Störungen direkt bemerkbar machten.

Das erste wirkliche Opfer zu naher Verwandtschaft war Karls Sohn Philipp, der aus religiösen Gründen ebenfalls eine portugiesische Cousine geheiratet hatte. Als der Sohn der beiden jungen Leute in der Wiege lag, musste das Entsetzen groß gewesen sein, denn das Kind hatte einen viel zu großen Kopf, der nicht zu dem kläglichen Körper passte. Die fünfzehnjährige Mutter überlebte die Geburt dieses schwer behinderten Kindes nur um wenige Tage. Unsinnige Anordnungen der zugezogenen Ärzte kosteten sie ihr junges Leben. Ihr Sohn Don Carlos sollte in vielerlei Hinsicht in der Geschichte und in der Literatur genauso wie in der Musik eine viel beachtete Rolle spielen.

Da in Europa, wie schon erwähnt, katholische Bräute auf Grund der schlechten Beziehungen zu Frankreich und dem reformierten England eine Seltenheit waren, fanden sich passende junge Mädchen vor allem in der österreichischen habsburgischen Linie. Ausnahmen waren selten.

Philipp II. versuchte ein besseres Verhältnis zu Frankreich aufzubauen und warb um die Hand der schönen französischen Prinzessin Isabel. Als seine dritte Gemahlin führte der mehr als doppelt so alte König die kleine Französin zum Traualtar.

Die Ehe stand unter keinem guten Stern, obwohl Philipp Isabel von Herzen liebte. Mit nur 23 Jahren starb die junge Frau bei der Geburt eines Kindes.

Schließlich kam wieder nur eine Habsburgerbraut für den dreifachen Witwer in Frage: Sein Cousin Kaiser Maximilian II. verfügte über einige heiratsfähige Töchter. Auf die nahe Verwandtschaft schaute niemand so recht, auch der Papst gab für diese Heirat zwischen Onkel und Nichte die nötige Dispens, die letztlich nur eine Formsache war. Endlich konnte sich der spanische König über einen männlichen Nachkommen auf dem Thron freuen, der allerdings schon bedenkliche Spuren erblicher Belastung zeigte, über die man in der Unwissenheit der damaligen Zeit geflissentlich hinwegsah.

Da die österreichischen Prinzessinnen dafür bekannt waren, jedes Jahr ein Kind zur Welt zu bringen, führten auch Philipp III. und dessen Sohn Philipp IV. österreichische Bräute zum Altar. Jetzt forderte die zu nahe Verwandtschaft endgültig ihren Tribut: Zwar brachten die Königinnen, so wie man dies von ihnen erwartete, Jahr für Jahr Kinder zur Welt, die entweder schwerst behindert, nicht lebensfähig oder gar schon tot waren. Da die spanischen Könige Philipp III. und sein Sohn Philipp IV. ein reges Sexualleben außerhalb des Ehebettes führten, konnten sie auf eine stattliche Zahl von außerehelichen Sprösslingen blicken, die zum großen Teil wohlgeraten waren und durch ihr ansprechendes Äußeres normal wirkten.

Vor allem der vorletzte spanische Habsburger Philipp IV., ein von Sinnlichkeit getriebener Mann, setzte mehr als 30 „natürliche" Kinder in die Welt, von denen einer in die Geschichte eingehen sollte: Don Juan José de Austria. Der Sohn der schönen Schauspielerin Maria Calderón hätte das Zeug dazu gehabt, Spanien aus der Krise zu führen, in der sich das übel regierte Land befand. Er hätte viel erreichen können, selbst die Absetzung des debilen Kindkönigs Karl II. wäre ihm unter Umständen geglückt, wäre er nicht völlig unerwartet im Jahre 1679 gestorben. Ob die Witwe Philipps IV. Maria Anna, die als dreizehnjähriges Mädchen den König geheiratet hatte, auf Anraten ihres Einflüsterers, des österreichischen Paters Nithard, die Hände im Spiel hatte, da sie um ihren Einfluss und ihre Macht fürchtete, ist bis heute nicht geklärt. Sie erkannte zweifellos, dass Don Juan José großen Einfluss auf den debilen König hatte. Im Gegensatz zu anderen Höflingen kümmerte sich Don Juan um den armseligen jungen Mann, dessen geistige Behinderung sich darin niederschlug, dass er nicht fähig war, Lesen und Schreiben zu erlernen. Vielen war es nicht klar, warum Don Juan für einen geregelten Tagesablauf dieses anormalen Halbbruders sorgte, wobei er genaue Pläne verfasste, in denen sowohl auf die geistige als auch auf die körperliche Entwicklung des in den Kinderschuhen stehen gebliebenen Monarchen großer Wert gelegt wurde.

Der debile König befasste sich am liebsten mit kuriosen Dingen, wie mit dem ununterbrochenen Mischen von Karten oder stundenlangem Mikkado-Spiel. Wenn es ihn überkam, tobte er wie wahnsinnig durch die riesigen Räume des Palasts, um sich dann völlig erschöpft irgendwo fallen zu lassen und in sich zusammenzusinken. Ein anderes Mal spielte er mit sich selbst Fangen, wobei er nicht verstehen konnte, dass sich sein Schatten nicht fangen ließ. Wenn er sich unbemerkt glaubte, schlich er in die Gärten, die den Palast umgaben, um die Beeren an den Sträuchern zu zählen. Zu irgendeiner nützlichen Beschäftigung war er nicht in der Lage, wobei es schon an ein Wunder grenzte, dass sein Halbbruder ihn dazu brachte, einigermaßen aufrecht zu gehen.

Und trotzdem versuchte Don Juan José Karl nicht vollständig von der Öffentlichkeit fernzuhalten. Es gelang ihm, den nicht regierungsfähigen König zu überreden, die Huldigung der Stände von Aragon anzunehmen, was der Jüngling zwar sicher nicht verstand, wogegen er sich aber auch nicht sträubte. Dem Staatsakt folgte ein glanzvolles Fest, auf dem der junge König jedoch einen bemitleidenswerten Eindruck hinterließ.

Als Don Juan José plötzlich starb, liefen die politischen Fäden wieder in den Händen der verwitweten Königin zusammen, die schon bald begann, nach einer Braut für ihren debilen Sohn Ausschau zu halten, obwohl kaum Hoffnung bestand, dass der Sohn in der Lage sein würde, die Ehe zu vollziehen. Eine große Auswahl an passenden Bräuten fand man ohnehin nicht in Europa, denn auch im österreichischen Kaiserhaus waren die Prinzessinnen allmählich rar geworden.

Karl konnte die Heiratspläne seiner Mutter wahrscheinlich nicht verstehen, er hatte keine Vorstellung davon, was auf ihn zukommen würde. Und vor allem: auf seine Braut. Denn mit seiner kleinwüchsigen Gestalt, dem viel zu großen Kopf und dem extrem vorstehenden Habsburgerkinn glich er eher einem hässlichen Zwerg als einem Königssohn. Die schöne Maria Luisa von Orleans war das erste „Opfer". Die Hochzeit der beiden jungen Leute wurde eher schlicht gefeiert. Obwohl ihr Schicksal mehr als bedauernswert war, verhielt sich die junge Königin ihrem zurückgebliebenen Mann gegenüber bewundernswert. Maria Luisa versuchte, auf Karls teilweise abstruse Ideen einzugehen und betreute ihn liebevoll, wenn er sich vor Schmerzen krümmte. Dass das zarte Mädchen diese Situation nicht lange ertragen würde, lag auf der Hand. Die Gründe für ihren frühen Tod sind zwar nicht genau bekannt, sicher scheint jedoch, dass die Situation, in der sie zu leben gezwungen war, ihr jeden Lebensmut raubte.

Karl hatte die schöne Prinzessin auf seine Art geliebt. Ihr früher Tod verschlechterte seinen Allgemeinzustand zusehends. So oft er konnte, schlich er sich zur Grabstätte seiner früh verstorbenen Gemahlin und ließ den Sarkophag öffnen, um dann völlig verstört tränenüberströmt zusammenzubrechen. Bevor man den König wegbrachte, schwor er Maria Luisa jedes Mal, dass er ihr bald folgen wollte.

Obwohl die Impotenz des Königs an den europäischen Fürstenhöfen kein Geheimnis war, suchte man schon sehr bald wieder nach einer Braut für Karl. Diesmal wandte man sich auf Rat des kaiserlichen Botschafters in Madrid, Graf Mansfeld, bei der Brautsuche an den Kurfürsten Philipp Wilhelm von der Pfalz, dessen Tochter Maria Anna als zweite Gemahlin des Königs ausgewählt wurde. Karls Schwager aus Österreich, Kaiser Leopold I., der in erster Ehe mit einer Schwester Karls verheiratet gewesen war, hatte in dritter Ehe ebenfalls eine Pfälzerin geheiratet, die ihm schöne, gesunde Kinder schenkte, ein reines Wunder bei der Hässlichkeit des Vaters. Was in Österreich möglich war, konnte vielleicht auch in Spanien gelingen!

Die Hochzeit Maria Annas mit dem spanischen König wurde in Neuburg an der Donau in Anwesenheit des Kaiserpaares glanzvoll per procurationem vollzogen, wobei ein Stellvertreter die Rolle des Bräutigams übernahm. Wahrscheinlich hatte man die pfälzische Braut über das Aussehen

Karls erste Ehefrau: Maria Luisa von Orléans

und den Geisteszustand ihres Zukünftigen völlig im Unklaren gelassen, auch die Medaillons mit dem Porträt des zukünftigen Ehemanns waren von Künstlerhand geschönt worden, denn als Maria Anna nach einer ungewöhnlich strapaziösen Seereise von einem halben Jahr ihren debilen Ehemann erblickte, fiel sie fast in Ohnmacht.

Auch bei der zweiten Gemahlin war Karl nicht in der Lage, die Ehe zu vollziehen, obwohl es von allen Seiten gute Ratschläge hagelte, unterstützt von Zauberformeln und Wundertees. Daneben setzte man dem armseligen König immer wieder Schröpfköpfe an und ließ ihn ausgiebig zur Ader, verabreichte ihm Klistiere, die seine Männlichkeit anregen sollten. Aber alles half nichts, Karl konnte sich nicht wehren, er war zum Spielball seiner Mutter, der Höflinge und schon bald seiner zweiten Ehefrau geworden.

Und da man nicht glauben wollte, dass der arme Mensch einfach auf Grund der Degeneration, für die er nichts konnte, unfähig war, irgendetwas Positives zu leisten, tauchten abstruse Gerüchte auf. Ein Sohn jedenfalls war von diesem Kretin auf gar keinen Fall zu erwarten.

So sah man nun endlich den Tatsachen ins Auge und erkannte, dass das Schicksal nicht zu beugen war, woraufhin man durch Vermittlung von Kaiser Leopold I. auf die Idee kam, den bayerischen Kurprinzen Joseph Ferdinand als Nachfolger einzusetzen. Die Wahl war groteskerweise auf ein sechsjähriges Kind gefallen. Aber auch dieser Plan war zum Scheitern verurteilt, denn der Knabe sollte die nächsten Monate nicht überleben.

Je mehr Zeit verstrich, in der man erkennen konnte, dass Karl II. niemals fähig sein würde, zu regieren, desto mehr versuchte man, mit Zaubermitteln den Geist des Jünglings zu beeinflussen. Im Volk machte sich schon das Gerücht breit, der König wäre verhext. „El Hechizado" wurde er unter vorgehaltener Hand bezeichnet, der Verhexte. Schlimmer hätte es für den armen Mann nicht kommen können, denn bei dem praktizierten Aberglauben standen ihm abartige Behandlungen bevor. Man versuchte es mit Exorzismus, um das Böse aus ihm herauszutreiben, grausame Torturen, die dazu führten, dass der von Konvulsionen geplagte Mensch noch mehr Schmerzen erdulden musste. Kaum einer hatte Erbarmen mit dem armen Krüppel, der schon als junger Mann das Aussehen eines Greises bekam. Sein Körper war von Ödemen bedeckt, sein struppiges Haar war ergraut, auf seinen verformten Beinen konnte er kaum aufrecht stehen. Der König von Spanien bot ein Bild des Jammers! Mit 39 Jahren war er nicht mehr in der Lage, von seinem Bett aufzustehen; es war nur eine Frage der Zeit, wann der unfähige König seine Augen für immer schließen würde.

Erstaunlich, dass gerade in dieser politisch kritischen Situation zwei Frauen bitter um die Macht kämpften. Auf der einen Seite die Königswitwe Maria Anna, die den Beinamen de Austria auf Grund ihrer österreichischen Herkunft führte, und auf der anderen die ungeliebte Schwiegertochter Maria Anna von Pfalz-Neuburg. Beide Frauen zeichneten sich durch einen ungemein herrschsüchtigen Charakter aus, sie waren wie Feuer und Wasser, wie sie ein Kenner der spanischen Verhältnisse beschrieb. Dabei versuchten sie sich gegenseitig das Leben schwer zu machen, die eine entließ die Günstlinge der anderen und umgekehrt, wobei vor allem die mächtige Kirche politischen Einfluss forderte.

Beide waren nicht mehr dazu in der Lage, den Niedergang Spaniens aufzuhalten; die Opposition machte ihnen im Laufe der Zeit immer mehr zu schaffen. Auch als Maria Anna de Austria starb, konnte ihre Schwiegertochter keine Sympathien für sich gewinnen. Wegen ihrer deutschen Herkunft als „cervecera", als Bierwirtin bezeichnet, entging sie nur knapp dem Tod, als der Mob von Toledo sie aus der Stadt vertrieb. Sie ging in Südfrankreich ins Exil, wo sie, da ihr die testamentarisch von ihrem Gemahl zugesicherte Rente nicht ausbezahlt wurde, ständig mit Geldschwierigkeiten kämpfte. Trotzdem führte sie ein aufwändiges Leben, allein ihr Hofstaat umfasste über 400 Personen. Erst 1738 konnte sie nach Spanien zurückkehren, wo sie in Guadajara 1740 an Altersbrand starb. Sie hatte ihren bedauernswerten Ehemann um 40 Jahre überlebt.

Die Situation, in der sich Spanien nach dem Tod von Carlos II. befand, war natürlich an den europäischen Fürstenhöfen bekannt. Man musste sowohl am Wiener Habsburgerhof als auch in Frankreich, wo der Sonnenkönig unumschränkt herrschte, wachsam sein. Es ging immerhin um viel, um Spanien und die riesigen Nebenländer. Die Ausgangsposition war sowohl für Kaiser Leopold I. als auch für Ludwig XIV. sehr ähnlich. Beide waren mit Töchtern Philipps IV. verheiratet, der französische König mit Maria Teresa aus der ersten Ehe des spanischen Königs, die allerdings bei der Eheschließung mit dem Franzosen auf ihre Ansprüche auf den spanischen Thron verzichtet hatte. Wie es sich herausstellen sollte, war dies nicht mehr wert als ein paar Zeilen auf dem Papier, da Ludwig XIV. den Verzicht seiner Gemahlin für ungültig erklärte. Seine Gemahlin habe genauso Anspruch auf den spanischen Thron wie Margarita Maria Teresa, die erste Gemahlin von Kaiser Leopold. Auch sie war eine Tochter Philipps IV. und damit eine Schwester des spanischen Königs Karl II.

Der Streit um die spanische Krone war absehbar: Zwei Machtblöcke standen sich gegenüber, Frankreich und das Habsburgerreich, wobei schon bald auch die übrigen Staaten Europas in das Spiel um die Macht eingriffen. Die Zeichen standen auf Sturm: Im Spanischen Erbfolgekrieg stand halb Europa in Flammen.

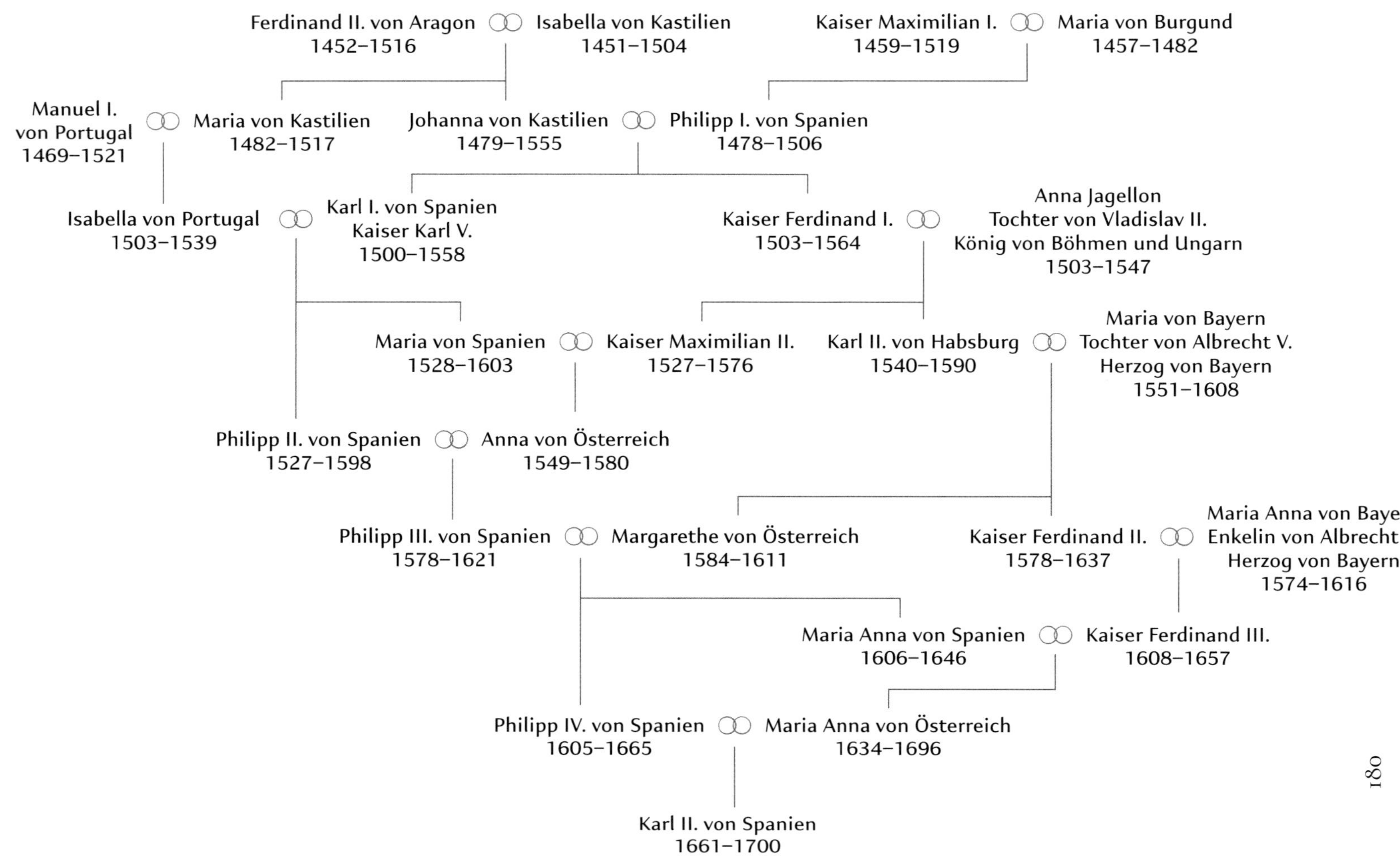

Ferdinand II. von Aragon
1452–1516
Isabella von Kastilien
1451–1504
Kaiser Maximilian I.
1459–1519
Maria von Burgund
1457–1482
Manuel I.
von Portugal
1469–1521
Maria von Kastilien
1482–1517
Johanna von Kastilien
1479–1555
Philipp I. von Spanien
1478–1506
Isabella von Portugal
1503–1539
Karl I. von Spanien
Kaiser Karl V.
1500–1558
Kaiser Ferdinand I.
1503–1564
Anna Jagellon
Tochter von Vladislav II.
König von Böhmen und Ungarn
1503–1547
Maria von Spanien
1528–1603
Kaiser Maximilian II.
1527–1576
Karl II. von Habsburg
1540–1590
Maria von Bayern
Tochter von Albrecht V.
Herzog von Bayern
1551–1608
Philipp II. von Spanien
1527–1598
Anna von Österreich
1549–1580
Philipp III. von Spanien
1578–1621
Margarethe von Österreich
1584–1611
Kaiser Ferdinand II.
1578–1637
Maria Anna von Bayern
Enkelin von Albrecht V.
Herzog von Bayern
1574–1616
Maria Anna von Spanien
1606–1646
Kaiser Ferdinand III.
1608–1657
Philipp IV. von Spanien
1605–1665
Maria Anna von Österreich
1634–1696
Karl II. von Spanien
1661–1700

Personenregister

Ausgewählte Kurzbiographien

Anna von Österreich
geboren: 2.11.1549 in Cigales bei Valladolid
gestorben: 26.10.1580 in Badajoz
beigesetzt im Escorial
Vater: Kaiser Maximilian II.
Mutter: Maria von Spanien
Vierte Gemahlin von König Philipp II., Mutter des späteren Königs Philipp III.

Barbara Blomberg
geboren: 1527 in Regensburg
gestorben: 1597 in Ambrosero
beigesetzt in der Kirche von Montehano
Geliebte von Kaiser Karl V., Mutter von Don Juan d'Austria, wechselvolles Leben, wird von Karl V. und nach dessen Tod von Philipp II. finanziert.

Don Carlos
geboren: 8.7.1545 in Valladolid
gestorben: 24.7.1568 im Escorial
beigesetzt im Escorial
Vater: Philipp II. von Spanien
Mutter: Maria von Portugal
Körperlich behindert, versuchte Kommando in den Niederlanden zu bekommen, vom Vater abgelehnt, lange Zeit in Schutzhaft, starb in Gefangenschaft.

Don Juan d'Austria
geboren: 24.2.1547 in Regensburg
gestorben: 1.10.1578 in Namur
beigesetzt im Escorial
Vater: Kaiser Karl V.
Mutter: Barbara Blomberg
Wurde auf Befehl des Kaisers hauptsächlich in Spanien erzogen, kam erst nach dem Tod Karls V. an den Hof Philipps II. Sieger in der Schlacht bei Lepanto, Kommando in den Niederlanden, geheimnisvoller Tod.

Don Juan José de Austria
geboren: 7.4.1629 in Madrid
gestorben: 17.9.1679 ebenda
beigesetzt im Escorial
Vater: König Philipp IV.
Mutter: Maria Calderón
Illegitimer Sohn Philipps IV., auf Veranlassung des Vaters erhielt er die Würden eines Großpriors des Johanniter-Ordens, Begabung als Maler, als Feldherr eingesetzt, schlägt Aufstände in Neapel und Katalonien nieder, glücklos in den Niederlanden. Große Schwierigkeiten mit Maria Anna (zweite Ehefrau Philipps), gegen sie erster Militärputsch in spanischer Geschichte, bis zum Tod von König Carlos II. als Erster Minister Regierungsgeschäfte geführt.

Eleonore von Österreich

geboren: 15.11.1498 in Brüssel
gestorben: 18.2.1558 in Talavera de la Reina
beigesetzt im Escorial
Vater: Philipp der Schöne
Mutter: Johanna die Wahnsinnige
Verheiratet mit Manuel von Portugal, nach dessen Tod mit Franz I. von Frankreich. Diese Ehe sollte die politischen Differenzen zwischen Franz I. und Karl V. beheben, erfüllte diesen Zweck aber letztlich nicht.

Ferdinand von Aragon

geboren: 10.3.1452 in Sos
gestorben: 23.1.1516 in Madrigalejo
beigesetzt in Granada
Vater: Johann II. von Aragon
Mutter: Blanka
Zusammen mit Isabella von Kastilien die „Katholischen Majestäten", beide konnten Spanien vereinen. Aus ihrer Ehe gingen 4 Töchter und ein Sohn hervor (Isabel heiratete Manuel von Portugal, Maria nach dem Tod der Schwester ebenso mit Manuel verheiratet, Katharina verheiratet mit Heinrich VIII. von England und Juana verheiratet mit Philipp dem Schönen. Der Sohn Juan war verheiratet mit Margarete von Österreich).
Ferdinand galt zusammen mit seiner Gemahlin Isabella als Schöpfer eines modernen spanischen Staates.

Ferdinand I.

geboren: 10.3.1503 in Alcalá de Henares
gestorben: 25.7.1564 in Wien
beigesetzt im Veitsdom in Prag
Vater: Philipp der Schöne
Mutter: Johanna die Wahnsinnige
Verheiratet mit Anna von Böhmen und Ungarn
Obwohl in Spanien geboren, übernahm Ferdinand nach der Teilung des Reiches 1521 den Ostteil mit den österreichischen habsburgischen Ländern, wo er grundlegende Reformen durchführte. Seine Außenpolitik wurde durch den Kampf gegen die Türken bestimmt. Er wurde nach der Abdankung seines Bruders Karl Kaiser.

Franz I. von Frankreich

geboren: 12.9.1494 in Cognac
gestorben: 31.3.1547 in Rambouillet
beigesetzt in der Kathedrale St. Denis bei Paris
Vater: Charles de Valois
Mutter: Louise von Savoyen
Ehefrauen: Claude de France, Eleonore, verw. Königin von Portugal
Bewarb sich um deutsche Kaiserkrone, führte Jahrzehnte Krieg gegen Karl V., verlor die Schlacht bei Pavia 1525, in Gefangenschaft des Kaisers, verbündet mit Türken und Protestanten gegen die Habsburger, in zweiter Ehe mit Karls Schwester Eleonore verheiratet.

Heinrich II. von Frankreich

geboren: 31.3.1519 in Saint-Germaine-en-Laye
gestorben: 10.7.1559 in Paris
beigesetzt in der Kathedrale St. Denis bei Paris
Vater: König Franz I.
Mutter: Claude de France
Verheiratet mit Katharina de Medici
Erbitterter Feind Karls V., vertrieb die Engländer aus Calais, mit Protestanten verbündet, Tochter Isabel heiratete Philipp II. Er starb bei einem Ritterturnier.

Isabella von Kastilien

geboren: 22.4.1451 in Madrigal de las Altas Torres
gestorben: 26.11.1504 in Medina del Campo
beigesetzt in Granada
Verheiratet mit Ferdinand von Aragon
Nach Kampf gegen die Mauren Einnahme von Granada, einheitliches Spanien mit Kastilien und Aragon möglich. Moderne politische Ansätze, unterstützt Christoph Columbus, gilt heute noch als Mutter Spaniens.

Isabella von Portugal

geboren: 24.10.1503 in Lissabon
gestorben: 1.5.1539 in Toledo
beigesetzt im Escorial
Vater: Manuel von Portugal
Mutter: Maria von Kastilien
Ehefrau von Kaiser Karl V.
Heirat in Sevilla, reiche Mitgift, in Abwesenheit Karls Regentin in Spanien, starb nach der Geburt des fünften Kindes.

Isabel von Valois (Elisabeth)

geboren: 2.4.1545 in Fontainebleau
gestorben: 3.10.1568 in Aranjuez
beigesetzt im Escorial
Vater: Heinrich II. von Valois
Mutter: Katharina de Medici
Verheiratet mit Philipp II. von Spanien, zwei überlebende Töchter.

Juana la Loca (Johanna die Wahnsinnige)

geboren: 6.11.1479 in Toledo
gestorben: 12.4.1555 in Tordesillas
beigesetzt in Granada
Vater: Ferdinand von Aragon
Mutter: Isabella von Kastilien
Verheiratet mit Philipp I. dem Schönen
6 Kinder, nach Tod des Bruders Juan Thronfolgerin in Spanien, auf Grund ihres seltsamen Wesens übertragen die Cortes die Regentschaft an Philipp den Schönen, nach dessen Tod übernahm Ferdinand die Regierungsgeschäfte bis zur Volljährigkeit des ältesten Sohnes Karl (V. = in Spanien Carlos I.). Für Oppositionelle Juana rechtmäßige Königin von Spanien.

Karl V. (I.)
geboren: 24.2.1500 in Gent
gestorben: 21.9.1558 in Cuacos de Yuste
beigesetzt im Escorial
Vater: Philipp der Schöne
Mutter: Johanna die Wahnsinnige
Vertrat den Gedanken der Universalmonarchie, verstand sich als Verteidiger des Abendlandes gegen die Osmanen, zahlreiche Kriege mit Frankreich, lebenslange Reisetätigkeit, außergewöhnlicher Rücktritt als Herrscher 1555/1556.

Karl II.
geboren: 6.11.1661 in Madrid
gestorben: 1.11.1700 ebenda
beigesetzt im Escorial
Vater: Philipp IV.
Mutter: Maria Anna von Österreich
Karl war offiziell zwar ab 1665 König, blieb jedoch auf Grund starker körperlicher und geistiger Degeneration regierungsunfähig. Er starb trotz zweier Ehen kinderlos, was den Spanischen Erbfolgekrieg auslöste.

Margarete von Österreich
geboren: 10.1.1480 in Brüssel
gestorben: 1.12.1530 in Mechelen
beigesetzt im Kloster Brou in Savoyen
Vater: Kaiser Maximilian
Mutter: Maria von Burgund
Ehemänner: Karl VIII. von Frankreich, Juan von Spanien, Philibert von Savoyen
Als Kind Geisel am französischen Königshof in Amboise, exzellente Politikerin, erzog die Kinder ihres Bruders am Hof von Mechelen, Beraterin ihres Vaters Maximilian, geschickte Unterhändlerin mit Vertretern Frankreichs (Damenfrieden von Cambrai), förderte Kunst und Wissenschaft.

Margarete von Österreich
geboren: 25.12.1584 in Graz
gestorben: 3.10.1611 im Escorial
beigesetzt im Escorial
Vater: Erzherzog Karl II. von Innerösterreich
Mutter: Maria Anna von Bayern
Ehefrau von König Philipp III.
Politisch interessiert und versiert, kämpft gegen das Favoritenwesen am spanischen Hof, sozial eingestellt, kümmert sich um die Armen, beim Volk sehr beliebt. Von den acht Kindern bedeutend: Anna, spätere Königin von Frankreich, Gemahlin von Ludwig XIII.; Philipp IV. König von Spanien; Maria Anna 1. Ehefrau von Kaiser Ferdinand III.

Margarita Maria Teresa
geboren: 12.7.1651 in Madrid
gestorben: 12.3.1673 in Wien
beigesetzt in der Kapuzinergruft
Vater: König Philipp IV.
Mutter: Maria Anna von Österreich
1. Gemahlin von Kaiser Leopold I.
Pompöse Hochzeit, große Schwierigkeiten am Wiener Kaiserhof, durch die Ehe mit ihr stellt Leopold Anspruch auf spanischen Thron nach Tod von Karl II., von Velázquez gemalt.

Maria von Burgund

geboren: 13.2.1457 in Brüssel
gestorben: 27.3.1482 in Brügge
beigesetzt in Notre Dame in Brügge
Vater: Herzog Karl der Kühne
Mutter: Isabella von Bourbon
Verheiratet mit Maximilian
Hochgebildet, nach Tod von Karl dem Kühnen in der Schlacht bei Nancy 1477 Erbin von Burgund, stirbt nach Sturz vom Pferd.

Maria von Spanien

geboren: 21.6.1528 in Madrid
gestorben: 26.2.1603 in Villamante in Spanien
beigesetzt in Santa Clara in Madrid
Vater: Kaiser Karl V.
Mutter: Isabella von Portugal
Ehefrau von Kaiser Maximilian II.
Schwester Philipps II., streng katholisch, 16 Kinder, kehrt als Witwe nach Spanien zurück.

Maria Tudor (die Katholische)

Königin von England
geboren: 18.2.1516 in Greenwich
gestorben: 17.11.1558 in London
beigesetzt in der Westminster Abbey in London
Vater: Heinrich VIII.
Mutter: Katharina von Aragon
Heiratete mit 38 Jahren Philipp II. von Spanien, kinderlos gestorben.

Maria Anna von Spanien

geboren: 18.8.1606 in Madrid
gestorben: 13.5.1646 in Linz
beigesetzt in der Kapuzinergruft in Wien
Vater: König Philipp III.
Mutter: Margarete von Österreich
Sollte ursprünglich Johann Karl, den ältesten Sohn von Kaiser Ferdinand II., heiraten, dieser verstarb jedoch früh. Der englische Thronfolger Charles wirbt um ihre Hand, wird jedoch abgelehnt, Maria Anna heiratet Kaiser Ferdinand III., wird in Regensburg zur Kaiserin gekrönt, vorübergehend als Regentin eingesetzt, stirbt an einer Schwangerschaftsvergiftung in Linz.

Maria Anna von Österreich

geboren: 23.12.1634 in Wien
gestorben: 16.5.1696 in Madrid
beigesetzt im Escorial
Vater: Kaiser Ferdinand III.
Mutter: Maria Anna von Spanien
Ehemann: König Philipp IV.
Sollte ursprünglich Sohn von Philipp heiraten, nach dessen frühem Tod warb Philipp selbst um seine Nichte. Sechs Kinder, fünf nicht lebensfähig. Politisch interessiert, machtgierig, führt Regierungsgeschäfte für ihren unfähigen Sohn Karl II.; dadurch Unstimmigkeiten mit der Schwiegertochter.

Maximilian I.
geboren: 23.3.1459 in Wiener Neustadt
gestorben: 12.1.1519 in Wels
beigesetzt in Wiener Neustadt
Vater: Kaiser Friedrich III.
Mutter: Eleonore von Portugal
Verheiratet mit Maria von Burgund und Bianca Maria Sforza. Nach Tod Marias Aufstände gegen ihn in den Niederlanden, langwierige Kämpfe gegen König von Frankreich, Sohn und Tochter als Geiseln der flandrischen Städte, Reichsreform, Kämpfe in Oberitalien, ständig in Geldnot, krönt sich selbst zum Kaiser, legt Grundstein für habsburgische Weltpolitik.

Maximilian II.
geboren: 31.7.1527 in Wien
gestorben: 12.10.1576 in Regensburg
beigesetzt im Veitsdom in Prag
Vater: Kaiser Ferdinand I.
Mutter: Anna von Böhmen und Ungarn
Wahrscheinlich Protestant, Dissimulatio, vorübergehend Regent in Spanien, wissenschaftlich interessierter, modern denkender Herrscher.

Philipp I. (der Schöne)
geboren: 22.7.1478 in Brügge
gestorben: 25.9.1506 in Burgos
beigesetzt in Granada
Vater: Maximilian I.
Mutter: Maria von Burgund
Ehefrau: Juana la Loca
Nach Tod der Mutter Philipp in Gewalt der flandrischen Städte, auf Betreiben der Stadtverwaltung wurde Philipp als Graf von Flandern 1483 gehuldigt, unter Schutz der Generalstaaten gestellt, mit 15 Jahren Übernahme der Macht in den Niederlanden, wollte Ausgleich mit Frankreich, 1496 Heirat mit Juana la Loca, Erbin von Kastilien, Aragon, Leon und Granada sowie von Süditalien, Neapel und den Kolonien. Philipp erhält Rechte eines Prinzgemahls, nachdem Juana 1505 zur Königin von Kastilien ausgerufen wurde. 1506 von den Cortes als Königsgemahl anerkannt.

Philipp II.
geboren: 21.5.1527 in Valladolid
gestorben: 13.9.1598 im Escorial
beigesetzt im Escorial
Vater: Kaiser Karl V.
Mutter: Isabella von Portugal
Verheiratet mit: Maria von Portugal
Maria Tudor (die Katholische)
Elisabeth von Valois (in Spanien Isabella)
Anna von Österreich
Unter ihm wurde Spanien zur Weltmacht, Herrschaftsübernahme 1555/1556. Streng erzogen, keine glückliche Hand in den Niederlanden, durch sein unnahbares Auftreten keine Sympathien bei der Bevölkerung; war gezwungen, Kriege zu führen, ohne Erfolge zu verzeichnen. Niederlage und Untergang der Armada. Wichtig für ihn war die Verteidigung des katholischen Glaubens. Trotzdem Probleme mit dem Papst. Ernannte Halbbruder Don Juan d'Austria zum Heerführer gegen die Türken. Philipp hatte aus vier Ehen acht Kinder, unter anderem Don Carlos den Ersten, der durch die Verbindung von Cousine und Cousin erbgeschädigt war. Auf Befehl Philipps wurde der Escorial in der Nähe von Madrid erbaut als Palast für die lebenden und Grabstätte für die verstorbenen Familienmitglieder.

Philipp III.
geboren: 14.4.1578 in Madrid
gestorben: 31.3.1621 ebenda
beigesetzt im Escorial
Vater: Philipp II. von Spanien
Mutter: Anna von Österreich
Unter ihm setzen in Spanien erhebliche wirtschaftliche Probleme ein. Eintritt in den Dreißigjährigen Krieg, Fortführung des Spanisch-Niederländischen Krieges, Vertreibung der Morisken, gravierende Schwierigkeiten in den spanischen Kolonien.

Philipp IV.
geboren: 8.4.1605 in Valladolid
gestorben: 17.9.1665 in Madrid
beigesetzt im Escorial
Vater: Philipp III.
Mutter: Margarete von Österreich
Der wirtschaftliche Niedergang Spaniens setzt sich unter seiner Herrschaft fort. Versuche, aus Spanien einen Zentralstaat zu machen, sind nur bedingt erfolgreich, Fortführung des Krieges mit den Niederlanden, Verwicklung in den Dreißigjährigen Krieg.

Abbildungsverzeichnis

Seite 55: Maria I. (Porträt von Anthonis Mor, 1554), Museo del Prado, Quelle: Wikimedia Commons, Public Domain

Seite 57: Andreas Vesalius, vor 1544. Holzschnitt von Jan Stephan van Calcar aus Vesalius' Schrift De humani corporis fabrica, Basel 1543, Quelle: Wikimedia Commons, Public Domain

Seite 59: Elisabeth von Valois, Porträt von Sofonisba Anguissola um 1565, Museo del Prado, Quelle: Wikimedia Commons, Public Domain

Seite 61: Die Armada an der englischen Küste, Gemälde von Cornelis Claesz. van Wieringen, um 1620–1625, Rijksmuseum Amsterdam, Quelle: Wikimedia Commons, Public Domain

Seite 64: Die Töchter Philipps II.: Isabella Clara und Katharina Michaela (gemalt von Sofonisba Anguissola, 1570), Royal Collection, Quelle: Wikimedia Commons, Public Domain

Seite 67: Autodafé auf der Plaza Mayor in Madrid am 30. Juni 1680 (Gemälde von Francisco Rizi, 1683), Museo del Prado, Quelle: Wikimedia Commons, Public Domain

Seite 69: Michel-Ange Houasse: El Escorial, 1723, Museo del Prado, Quelle: Wikimedia Commons, Public Domain

Seite 72: Maximilian II. als Jüngling, Gemälde von Guillem Scrotes, Kunsthistorisches Museum, Wien, Inv.-Nr. GG_2749, Quelle: Wikimedia Commons, Public Domain

Seite 75: Maximilian II. mit seiner Familie, ca. 1555, Giuseppe Arcimboldo zugeschrieben, Kunsthistorisches Museum, Wien, Inv.-Nr. GG_3448, Quelle: Wikimedia Commons, Public Domain

Seite 76: Porträt von Maximilian II., Nicolas de Neufchâtel, ca. 1566, Kunsthistorisches Museum, Wien, Inv.-Nr. GG_374, Quelle: Wikimedia Commons, Public Domain

Seite 83: Der junge Don Juan trifft im Kloster von Yuste auf seinen Vater Karl V., Eduardo Rosales Gallinas, ca. 1868, Museo del Prado, Quelle: Wikimedia Commons, Public Domain

Seite 89: Die Seeschlacht von Lepanto, unbekannter Maler, National Maritime Museum London, Quelle: Wikimedia Commons, Public Domain

Seite 91: Der Herzog von Alba auf einem Gemälde von Tizian, Anthonis Moor, 1549, Liria Palace, Quelle: Wikimedia Commons, Public Domain

Seite 97: Darstellung des Escorial im 19. Jahrhundert, Quelle: Wikimedia Commons, Public Domain

Seite 100: Die Bibliothek des Escorial, Pedro Kuntz y Valentini, 1862, Colección BBVA, Quelle: Wikimedia Commons, Public Domain

Seite 105: Don Carlos (gemalt von Alonso Sánchez Coello zwischen 1555 und 1559), Museo del Prado, Quelle: Wikimedia Commons, Public Domain

Seite 107: Alonso Sánchez Coello: Anna von Österreich, Königin von Spanien (1549–1580), Öl auf Leinwand, 1571, Kunsthistorisches Museum, Wien, Inv.-Nr. GG_1733, Quelle: Wikimedia Commons, Public Domain

Seite 112: Herzog Philipp der Gute, Kopie eines verlorenen Porträts von Rogier van der Weyden, Koninklijk Museum voor Schone Kunsten, Antwerpen, Quelle: Wikimedia Commons, Public Domain

Seite 113: Porträt von Anna von Tirol aus der Werkstatt von Frans Porbus d. J., Kunsthistorisches Museum, Wien, Inv.-Nr. GG_9383, Quelle: Wikimedia Commons, Public Domain

Seite 116: Philipp II. in Rüstung (um 1580), Quelle: Wikimedia Commons, Public Domain

Seite 118: Der junge Erzherzog Rudolf in einem Porträt von Alonso Sánchez Coello, Royal Collection, Quelle: Wikimedia Commons, Public Domain

Seite 123: König Philipp III. von Spanien und Portugal, Gemälde von Andrés López Polanco, Kunsthistorisches Museum, Wien, Inv.-Nr. GG_4384, Quelle: Wikimedia Commons, Public Domain

Seite 124: Peter Paul Rubens – Herzog von Lerma, 1603 (Museo del Prado), Quelle: Wikimedia Commons, Public Domain

Seite 127: Margarete von Österreich, Gemälde von González y Serrano, Kunsthistorisches Museum, Wien, Inv.-Nr. GG_3139, Quelle: Wikimedia Commons, Public Domain

Seite 128: Kronprinz Charles (um 1623), Gemälde von Daniel Mytens, Quelle: Wikimedia Commons, Public Domain

Seite 131: Diego Velázquez – Porträt der Infantin María von Österreich, Ölgemälde um 1628, Museo del Prado, Quelle: Wikimedia Commons, GNU Free Documentation License

Seite 132: Porträt von Ambrosio Spinola, Anthony van Dyck, ca. 1928, Galleria Sabauda, Quelle: Wikimedia Commons, Public Domain

Seite 135: Die Vertreibung der Morisken im Hafen von Denia, Vicente Mostre, 1613, Colección Bancaja, Quelle: Wikimedia Commons, Public Domain

Seite 138: Heirat zwischen Ludwig XIII. und Anna von Österreich im Jahr 1615 (gemalt von Jean Chalette), Quelle: Wikimedia Commons, Public Domain

Seite 141: Ludwig XIV. als Zehnjähriger, Gemälde von Justus van Egmont (1648), Kunsthistorisches Museum, Wien, Quelle: Wikimedia Commons, Public Domain

Seite 146: Jugendbildnis Philipps (Gemälde des Hofmalers Diego Velázquez um 1623), Meadows Museum, Dallas, Quelle: Wikimedia Commons, Public Domain

Seite 149: Gaspar de Guzmán, Conde Duque de Olivares; Portrait von Diego Velázquez (1638), Hermitage Museum, Quelle: Wikimedia Commons, Public Domain

Seite 151: Don Juan José de Austria, Porträt von Juan Carreño de Miranda, Museum of Fine Arts, Budapest, Quelle: Wikimedia Commons, Public Domain

Seite 153: Maria Anna von Österreich (Diego Velázquez, 1652), Quelle: Wikimedia Commons, GNU Free Documentation License

Seite 159: Infantin Margarita Teresa in rosafarbenem Kleid, im Alter von zwei oder drei Jahren, Diego Velázquez, 1654, Kunsthistorisches Museum, Wien, Inv.-Nr. GG_321, Quelle: Wikimedia Commons, Public Domain

Seite 160: Leopold als junger Mann, unbekannter Maler, Quelle: Wikimedia Commons, Public Domain

Seite 161: Frans Geffels nach Lodovico Ottavio Burnacini, Innenansicht des Theaters auf der Kurtine während einer Aufführung des Il pomo d'oro von Antonio Cesti im Jahre 1668, Rijksmuseum, Quelle: Wikimedia Commons, Creative Commons CC0 1.0 Universal Public Domain Dedication

Seite 163: Das berühmte Gemälde „Las Meninas" von Diego Velázquez, die kleine Margarita Teresa in der Bildmitte, 1656 oder 1657, Museo del Prado, Quelle: Wikimedia Commons, Public Domain

Seite 167: Don Juan José de Austria als Kind mit einem seiner „natürlichen" Brüder, Werk aus dem Umfeld von Diego Velázquez, Quelle: Wikimedia Commons, Public Domain

Seite 172: Karl II. von Spanien (Gemälde von 1685), Juan Carreño de Miranda, Kunsthistorisches Museum, Wien, Inv.-Nr. GG_1714, Quelle: Wikimedia Commons, Public Domain

Seite 177: Marie Louise d'Orléans, Porträt eines unbekannten Künstlers, Palast von Versaille, Quelle: Wikimedia Commons, Public Domain

Umschlag: Für die Porträts siehe die jeweiligen Abbildungen im Innenteil. Porträt von Karl V. von Lambert Sustris, Alte Pinakothek München, Wikimedia Commons, Public Domain. Weltkarte zwischen 1606 und 1662, Blaeu, W & J, Wikimedia Commons, Public Domain.

2022

Umschlaggestaltung: Tyrolia-Verlag
Layout: Studio HM, Hall in Tirol
Druck und Bindung: Florjančič, Slowenien
ISBN 978-3-7022-4049-3
E-Mail: buchverlag@tyrolia.at
Internet: www.tyrolia-verlag.at